Ulrich Schliewen

Zwergbuntbarsche

Fotos bekannter Aquaristik-Fotografen
Zeichnungen: Johann Brandstetter

**Arten und natürlicher
Lebensraum** 4

Typisch Zwergbuntbarsche 4

Entscheidungshilfen 6

Wissenswertes über die
Herkunft 9

Natürliche Lebensräume 9

Südamerikanische
Zwergbuntbarsche 14

Die Gattung *Apistogramma* 14

TIP: Kennzeichen
gesunder Fische 15

IM PORTRÄT:
Südamerikanische
Cichliden 16

Rundköpfe der Gattung
Laetacara 18

Südamerikanische
Schmetterlingsbuntbarsche 18

Tabelle: Südamerikanische
Zwergbuntbarsche 19

Die Gattung *Nannacara* 20

Schachbrettcichliden der
Gattung *Dicrossus* 20

Die Gattung *Teleocichla* 21

West- und zentralafrika-
nische Zwergbuntbarsche 22

Prachtbuntbarsche der
Gattung *Pelvicachromis* 22

Kongo-Cichliden der
Gattung *Nanochromis* 23

TIP: Wildfänge und
Nachzuchten 23

IM PORTRÄT:
Afrikanische Cichliden 24

Tabelle: West- und zentral-
afrikanische Zwergbunt-
barsche 27

Buckelköpfe aus der
Gattung *Steatocranus* 28

Zwergmaulbrüter aus der
Gattung *Pseudocrenilabrus* 29

10 Goldene Regeln für die
richtige Vergesellschaftung 31

Das Aquarium im Alltag 33

Die Ausstattung des Beckens 33

PRAXIS Einrichtung 34

Wasser und Wasserpflege 36

PRAXIS Wasser 38

Pflanzen im Aquarium 40

Checkliste: Pflanzenpflege 41

PRAXIS Ernährung 42

Die richtige Ernährung 44

Versorgung im Urlaub 45

Krankheiten vermeiden 46

Verhaltensweisen und Zucht 49

Revierverhalten 49

Kampfverhalten 49

Die Balz 51

VerhaltensDolmetscher 52

TIP: Verstecke für gestreßte Fische 54

Das Ablaichen 55

Die Brutpflege 55

Checkliste: Erfolgreich züchten 57

PRAXIS Zucht 58

Anhang 60

Register 60

Adressen und Literatur 62

Wichtige Hinweise 63

Impressum 63

EXPERTEN-RAT 64

ZWERGBUNTBARSCHE

- Farbenprächtig.

- Bilden Reviere.

- Manchmal aggressiv.

- Balzfreudig.

- Aufopfernde Brutpfleger.

- Meist mit Familiensinn.

- Manchmal anspruchsvoll in der Pflege und Zucht.

- Bleiben klein.

- Sind gut zu vergesell- schaften.

- Pflanzenfreundlich.

Zwergbuntbarsche gehören zu den beliebtesten Aquarien- fischen. Sie sind nicht nur außerge- wöhnlich farbenprächtig, sondern bringen durch ihr vielfältiges Verhal- ten eine besondere Komponente ins Aqua- rium: Trotz ihres Zwergwuchses zeigen sie das gesamte Verhaltensrepertoire ihrer großen Cichlidenverwandtschaft. Sie bilden Reviere aus, die sie gegen Eindringlinge verteidigen, sie balzen in den schönsten Farben um die Gunst ihres Partners und kümmern sich auf- opferungsvoll um ihre Brut. Man kann sie be- reits in kleineren Aquarien halten und auch gut mit anderen Fischen vergesell- schaften.

6 ENTSCHEIDUNGSHILFEN

1 Besitzen Sie ein ausreichend großes Becken für Zwergbuntbarsche? (→ Seite 19 und 27).

2 Haben Sie bereits eine bodenbewohnende Fischart, die den Revieransprüchen der Zwergcichliden in die Quere kommen kann?

3 Zwergbuntbarsche haben sehr unterschiedliche Ansprüche. Wollen Sie sich vor der Anschaffung damit auseinandersetzen?

4 Können Sie den Fischen das richtige Wasser bieten? Wählen Sie im Zweifelsfall eine weniger anspruchsvolle Art.

5 Manche Arten nehmen kein Trockenfutter an. Sind Sie bereit, für Lebend- oder Gefrierfutter zu sorgen?

6 Zwergcichliden können gut vergesellschaftet werden. Haben Sie sich über die Pflegeansprüche aller Arten in Ihrem Becken informiert?

7 Falls Sie an Aufzucht denken: Besitzen Sie ein zweites Becken, um Junge aufzuziehen?

8 Können Sie sich um Aufzuchtfutter für die Brut kümmern?

9 Bei Jungfischen sind die Geschlechter nicht zu unterscheiden. Können Sie mehrere Fische aufziehen und die überzähligen später unterbringen?

10 Bei längerer Abwesenheit müssen die Tiere gefüttert werden. Kennen Sie jemanden, der diese Aufgabe übernehmen kann?

Wichtige Vorüberlegungen

Viele Arten unter den Zwergbuntbarschen gehören zu den anspruchsvollen Aquarienfischen, einige sind mit einer weiten Bandbreite an Aquarienbedingungen zufrieden. Lassen Sie sich bei der Auswahl daher nicht nur von dem wunderbaren Erscheinungsbild dieser Fische zum Kauf anregen, sondern informieren Sie sich über die Pflegeansprüche der gewünschten Art so genau wie möglich. Falls Sie anspruchsvollere Arten pflegen möchten, hilft es, wenn Sie sich alle wichtigen Pflegekomponenten aufschreiben: Wasserwerte für Haltung und Zucht, Futter für Haltung und Aufzucht, Beckengröße, Vergesellschaftungsmöglichkeiten. Gehen Sie dann Ihre Möglichkeiten zu Hause Schritt für Schritt durch und überprüfen Sie, was Sie bieten können und was Sie eventuell noch anschaffen müssen, bevor Sie die Zwergbuntbarsche Ihrer Wahl tatsächlich kaufen.

Falls Sie zu der Überzeugung kommen, daß die ursprünglich ausgewählte Art zu anspruchsvoll ist, seien Sie nicht enttäuscht. Viele pflegeleichte Zwergbuntbarsche, zum Beispiel der Purpurprachtbuntbarsch oder der Tüpfelbuntbarsch, gehören zu den schönsten und deswegen auch zu den beliebtesten Arten.

ARTEN UND NATÜRLICHER LEBENSRAUM

Über 150 Buntbarsch-Arten aus Südamerika, Afrika und Asien lassen sich wegen ihrer geringen Größe zu den Zwergbuntbarschen zählen. Sie unterscheiden sich deutlich in ihren Pflegeanspüchen, je nachdem, zu welcher Art und Gattung sie gehören.

Wissenswertes über die Herkunft

Zu den Zwergbuntbarschen zählen alle Buntbarsche, die nicht größer als etwa zehn Zentimeter werden. Für Aquarianer sind sie deshalb so attraktiv, weil sie alle positiven Merkmale der großen Buntbarsche aufweisen, vor allem die besondere Farbenpracht und die vielfältigen Verhaltensweisen. Wenn man ihre oft etwas gehobenen Pflegeansprüche befolgt, können sie im Gegensatz zu ihren großen Vettern auch in kleineren, üppig bepflanzten Aquarien gehalten werden. Auch in Gesellschaft vieler anderer Fische zeigen sie dort ihr volles Verhaltensrepertoire.

Viele Zwergbuntbarsche sind wie die gesamte Familie der Buntbarsche (Cichliden) im südlichen Amerika, Afrika und in einer kleinen Ecke Asiens weit verbreitet. Zwergarten sind jedoch keine einheitliche Verwandtschaftsgruppe innerhalb der Buntbarsche, gehören also zum Beispiel nicht nur einer einzigen Gattung an,

Prachtvolles Männchen des Kakadu-Zwergbuntbarsches (Apistogramma cacatuoides).

sondern haben sich aus den verschiedenen Buntbarschgruppen im Laufe der Evolution immer wieder an den verschiedensten Plätzen neu herausgebildet. Dies geschah immer dann, wenn sie durch ihren Zwergwuchs Lebensräume erobern konnten, die den großen Arten, von denen sie ja abstammen, verschlossen blieben, zum Beispiel kleinste Regenwaldbäche.

Natürliche Lebensräume

Die artgerechte Pflege von Zwergbuntbarschen im Aquarium orientiert sich an den speziellen Bedingungen, an die sich die verschiedenen Arten im Laufe von Jahrtausenden angepaßt haben, zum Beispiel Wasserwerte, Nahrung, Strömung und Strukturierung des Lebensraums. Viele Probleme, die sich bei der Pflege und vor allem der Zucht von Zwergbuntbarschen ergeben, lösen sich von alleine, wenn man sich die Verhältnisse in der Natur vor Augen führt und diese in die Aquarienpraxis umsetzt.

Urwaldbäche und kleine Flüsse

Mehr als die Hälfte der Zwergbuntbarsche aus Südamerika und Afrika bewohnen die wenig strömenden Bereiche klarer Bäche und Flüsse, die sich durch den dichten tropischen Regenwald schlängeln. Dort leben sie in der flachen, oft nur wenige Zentimeter tiefen Uferzone und suchen zwischen dicken Schichten von Fallaub, das jedes Jahr in großer Menge von den Urwaldbäumen fällt, nach kleinen Beutetieren. Das können kleine Mückenlarven sein, die sich von den sich zersetzenden Blättern ernähren, aber auch Kleinkrebse, die unseren Wasserflöhen und Hüpferlingen ähneln. Manche Zwergcichliden graben auch in den strömungsreicheren Zonen der Bäche im Sand nach Nahrung, zum Beispiel einige *Pelvicachromis*-Arten. Im Gewirr der versunkenen Blätter und Äste, die auf feinem, weißem Quarzsand aufliegen, verteidigen alle Arten kleine Reviere, innerhalb derer sie ablaichen und ihre Jungen aufziehen. Wenn das Kronendach des Urwalds an manchen Stellen genügend Licht durchscheinen läßt, wachsen in einigen Bächen auch dichte Wasserpflanzenpolster und bilden so ein weiteres attraktives Stück Lebensraum für viele Arten. Ihren Lebensraum teilen sie sich in diesen Gewässern unter anderem mit bunten Schwarmfischen, zum Beispiel mit Salmlern oder Leuchtaugenfischen, die

rastlos in der Strömung nach Insekten schnappen. Aber auch ruhige Einzelgänger wie Welse oder Hechtlinge gehen im Reich der Zwergbuntbarsche im verborgenen oder nachts auf Nahrungssuche. Schließlich machen ihnen kleine Raubfische das Leben schwer, die ihnen die Brut rauben wollen.

Weichwasser und Schwarzwasser: Da tropische Urwälder meist auf sehr nährstoffarmen Böden stehen, sind auch Urwaldgewässer sehr nährstoffarm, so daß man mit normalen Meßmethoden oft gar keine Wasserhärte messen kann (→ Wasser, Seite 36). Es handelt sich also um ausgesprochene Weichwasser-Lebensräume. Zudem sind diese Gewässer immer schwach bis extrem sauer, weil sogenannte Huminsäuren, die aus den sich zersetzenden Blättern ausgespült werden, das Wasser stark ansäuern. Diese Säuren sind auch dafür verantwortlich, daß das Wasser in manchen dieser Bäche und Flüsse nicht farblos klar aussieht, sondern dunkel gefärbt wie klarer schwarzer Tee. Man spricht dann von Schwarzwasser. Schwarzwasser-Lebensräume stellen extreme Lebensräume dar, an die sich manche Arten speziell angepaßt haben. Viele Arten vertragen daher im Aquarium auf Dauer keine abweichenden Wasserwerte, zum Beispiel der Schachbrettcichlide *(Dicrossus filamentosus).*

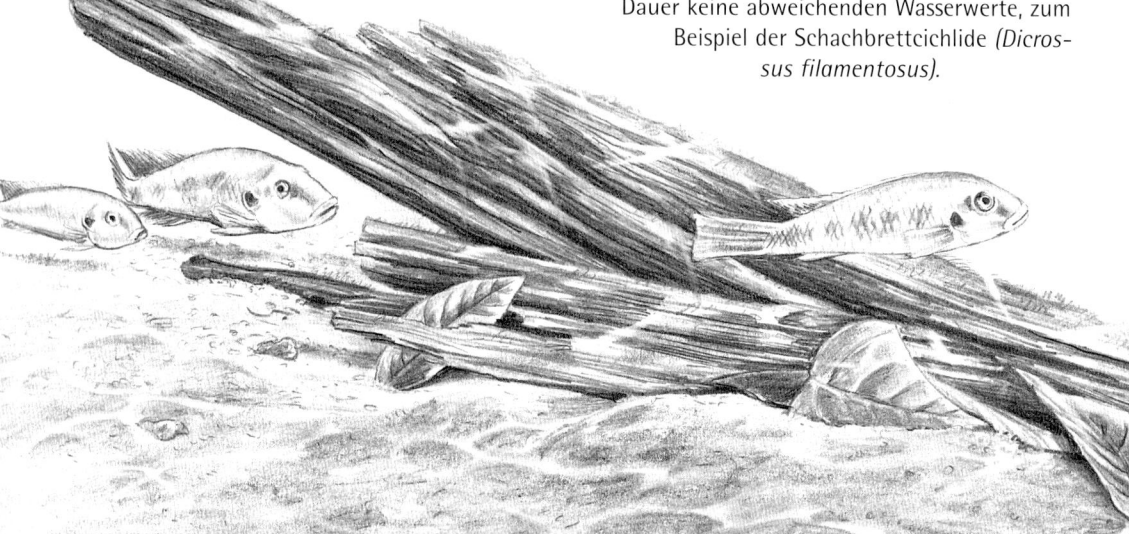

Die Temperatur der Urwaldgewässer kann sehr unterschiedlich sein, je nach Jahreszeit, Wasserqualität und Gewässergröße. In kleinen, wenige Zentimeter tiefen Bächlein zeigt das Thermometer oft nur etwas über 20° C an. Je größer der Bach in seinem Lauf wird, desto wärmer wird er auch, unter anderem, weil er mehr sonnige Stellen passiert hat. Man mißt dann Werte zwischen 24 und 27° C. Ist aus dem Bach ein kleines Flüßchen geworden, kann die Temperatur in schwachströmenden Bereichen auf über 30° C ansteigen. Das gilt besonders für Schwarzwasser, weil die dunkle Wasserfarbe mehr Sonnenenergie »einfängt«.

Die Jahreszeiten in den Tropen spielen für die Zwergbuntbarsche eine wichtige Rolle. So wie bei uns Winter und Sommer das Leben aller Tiere beeinflussen, wirken sich die Trocken- und Regenzeiten auf die Lebensbedingungen in den Bächen und Flüssen drastisch aus. Flache, warme, kaum fließende »Waldpfützen« werden in der Regenzeit zu reißenden, kühlen Flüßchen. Herrscht in der Trockenzeit Nahrungsmangel, weil viele Fische auf engem Raum in Restgewässern um Nahrung konkurrieren müssen, finden sie in der Regenzeit einen gedeckten Tisch für sich und ihre Brut vor. Das angestiegene Wasser überschwemmt dann weite Waldgebiete und erschließt den Fischen damit neue Nahrungsgründe, entweder weil sie dorthin ausschwärmen oder weil der Regen neue Nahrung in die Bäche schwemmt. Aus diesem Grund pflanzen sich zum Beispiel viele Zwergbuntbarsche aus der Gattung *Apistogramma* vor allem in der Regenzeit fort.

Große Urwaldflüsse

Einige Zwergbuntbarsche besiedeln auch verschiedene Biotope größerer Flüsse, zum Beispiel des Amazonas in Südamerika oder des Kongo in Zentralafrika *(Nanochromis*-Arten aus der *N. parilus*-Verwandtschaft)*. Auch hier bewohnen sie die ufernahe Fallaubzone oder Sandflächen mit wenigen Blättern und Hölzchen.

Einen weiteren Lebensraum für einige an besonders starke Strömung angepaßte Zwergbuntbarsche stellen felsige Stromschnellen mit ihren vielen kleinen Spalten und Löchern dar. Diese interessanten Biotope entstanden immer dort, wo sich Flüsse im Laufe der Erdgeschichte einen engen Weg mit Gefälle durch felsigen Untergrund gegraben haben. Manche Arten (zum Beispiel *Teleocichla*-Arten aus Ostamazonien) haben es geschafft, kleine strömungsarme Rückzugszonen zu erobern, die anderen verschlossen blieben, weil sie zu groß waren, um in ihren Schutzhöhlen abzulaichen oder in der Nähe nach Nahrung zu suchen.

So sieht eine Unterwasserlandschaft in einem afrikanischen Klarwasserbach aus.

Die Wasserbedingungen der größeren Flüsse unterscheiden sich oft deutlich von denen der Bäche und kleineren Flüsse. Große Flüsse sind meistens wärmer, nährstoffreicher und manchmal auch trüber, weil sie ihr Wasser nicht nur aus klaren, kühlen Urwaldbächen beziehen, sondern aus den unterschiedlichsten Quellen mit den unterschiedlichsten Wassereigenschaften. Regen- und Trockenzeiten wirken sich bei ihnen oft drastischer auf den Wasserstand aus, weil sie das Auffangbecken für eine Vielzahl kleinerer Flüsse aus ihrem Einzugsgebiet sind.

Savannengewässer, Sümpfe, »Schwimmende Wiesen«

Die sonnendurchfluteten Gewässer der Gras- und Baumsavannen Südamerikas und Afrikas zeichnen sich im Gegensatz zu den meisten Urwaldflüssen durch reichen und vielfältigen

Felsige Stromschnellen sind das Biotop von Buckelköpfen und Teleocichla-Arten.

Pflanzenwuchs aus, der den wichtigsten Lebensraum für Zwergbuntbarsche dieser Gewässer darstellt, zum Beispiel Schmetterlingsbuntbarsche *(Mikrogeophagus ramirezi)*. Zwar gibt es nicht überall echte Wasserpflanzen, aber die ins Wasser hängenden oder in der Regenzeit überschwemmten Gräser und Sträucher bilden ein Pflanzendickicht, in dem sich viele Zwergbuntbarsche genauso wohl fühlen wie in einem echten Wasserpflanzenparadies.

Einen besonderen Lebensraum für Zwergbuntbarsche bieten die »Schwimmenden Wiesen« in Südamerikas nährstoffreicheren Flüssen und Sümpfen. Riesige Flächen nährstoffreicherer Gewässer sind dort mit Schwimmpflanzen und

schwimmenden Gräsern bedeckt, in deren
Wurzelwerk manche Zwergbuntbarsch-Arten
ihr gesamtes Leben einschließlich Fortpflanzung
verbringen, zum Beispiel einige *Apistogramma*-
Arten aus dem südlichen Amerika wie
A. borellii.
Die meisten Savannengewässer weisen nicht so
extrem weiche und saure Wasserwerte wie die
der Urwälder auf. Dennoch gibt es kaum Gewässer mit Zwergbuntbarschen, die hart und
alkalisch sind. Viele Savannenbäche sind aber
besonders in der Trockenzeit trüber als ver-
gleichbar große Waldbäche. Einige trocknen
dann sogar ganz aus. Die Fische wandern vorher ab, viele sterben aber auch. Wegen der
starken Sonneneinstrahlung können einige Gewässer tagsüber in Oberflächennähe oder in
flachen Tümpeln gut über 30° C warm werden.
Nachts kühlen sie wieder um einige Grad ab.

Pflanzenreiche Stillwasserzonen sind ein
wichtiger Lebensraum für Zwergcichliden.

Aus all diesen unterschiedlichen Lebensbedingungen der Zwergbuntbarsche, die in diesem
Buch vorgestellt werden, lassen sich doch ein
paar Gemeinsamkeiten ableiten: Fast alle Arten
bevorzugen weiche, saure Gewässer, die Verstecke zum Ablaichen und Rückzugsmöglichkeiten vor Feinden bieten.
Wenn Sie Ihren Zwergbuntbarschen zu Hause
einen artgerechten und naturnahen Lebensraum schaffen wollen, sollten Sie zumindest
diese Grundbedingungen bei der Einrichtung
und beim Betrieb des Beckens erfüllen.

Südamerikanische Zwergbuntbarsche

Die beliebtesten Zwergbuntbarsche stammen aus Südamerika. Darunter ist die Gattung *Apistogramma* die größte und wichtigste.

Die Gattung Apistogramma

Fast 70 bekannte Arten.

Herkunft: Tropisches Südamerika.

Lebensraum: Die meisten Arten leben in der Fallaubzone kleinerer und größerer Fließgewässer des Urwaldes, in Savannenbächen, »Schwimmenden Wiesen« oder krautigen Sumpfgebieten. Eine in der Aquaristik noch kaum verbreitete Art, *Apistogramma diplotaenia*, lebt auf offenen Sandflächen mit nur wenig Laub und Totholz. Alle Arten meiden stark strömende Gewässerabschnitte.

Aquarium und Einrichtung: *Apistogramma* schätzen strukturreiche, mit Wurzeln und Pflanzen eingerichtete Aquarien, in denen für jedes Tier mindestens eine Höhle zur Verfügung steht. Um diese Höhlen herum verteidigen sie ihre Kleinreviere. Die Wasseroberfläche sollte mit Schwimmpflanzen abgedunkelt werden, da die Fische in deckungslosen Becken oft scheu bleiben. Den Arten aus der Fallaubzone des Flachwassers (zum Beispiel *A. agassizii*, *A. cacatuoides*, *A. njisseni*) sollte man zumindest einen kleinen, mit Eichen- oder Buchenblättern abgedeckten Bereich gönnen. Die Weibchen benutzen die Unterseite dieser Blätter auch gerne als Bruthöhle. Den anderen Arten (zum Beispiel *A. hongsloi*, *A. trifasciata*, *A. borellii*) bieten Sie am besten dicht bepflanzte Aquarien mit eingestreuten Höhlenverstecken.

Da die meisten *Apistogramma* zur Haremsbildung neigen, empfiehlt es sich, auch für die kleineren Arten große Becken einzurichten, damit Sie mehrere Weibchen zusammen mit einem Männchen halten können. Dadurch vermeiden Sie Aggressionsprobleme zwischen den Partnern.

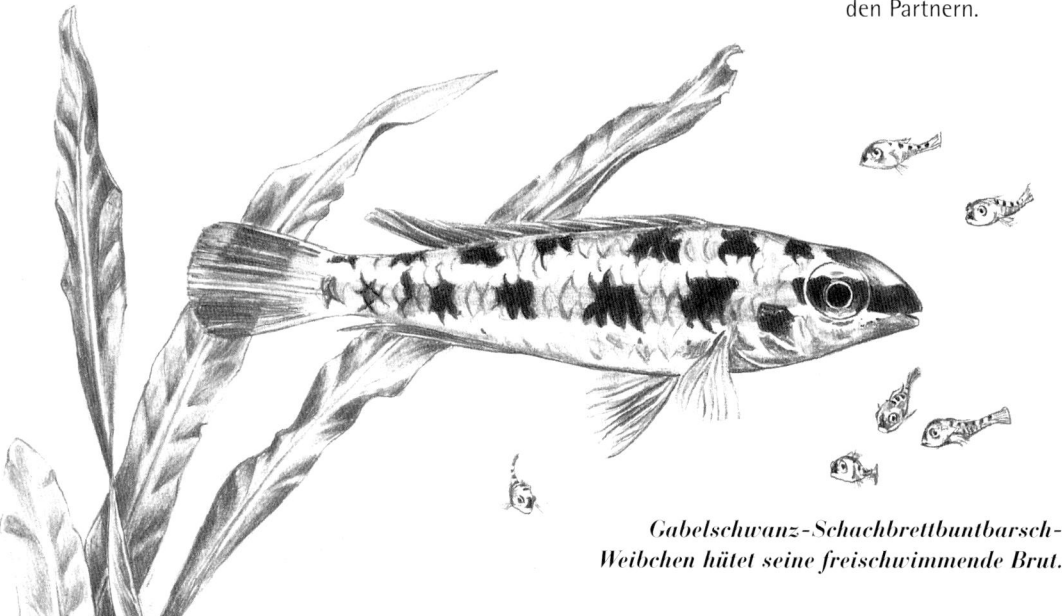

Gabelschwanz-Schachbrettbuntbarsch-Weibchen hütet seine freischwimmende Brut.

Wasser: Die Pflege gelingt am besten in weichem, leicht saurem Wasser. Einige Arten gedeihen langfristig auch in leicht alkalischem und mittelhartem Wasser. Schwarzwasser-Arten (*A. agassizii*) sind in der Pflege wesentlich anspruchsvoller und verlangen zumindest als Wildfänge extrem weiches und saures Wasser, sonst kränkeln sie. Auf organische Wasserbelastung durch schlechte Wasserpflege reagieren alle *Apistogramma* besonders empfindlich.

Ernährung: *Apistogramma* fressen in der Natur hauptsächlich kleine Insektenlarven und Kleinkrebse, denen sie zwischen Fallaub, im Mulm (Bodenschlamm) oder im Pflanzendickicht auflauern. Daher lassen sich die meisten Arten nicht oder nur schwer an Trockenfutter gewöhnen. Eine abwechslungsreiche Ernährung bieten Schwarze oder Weiße Mückenlarven, Cyclops, Wasserflöhe, Artemia, vor allem aber auch selbstgezüchtete Artemia-Nauplien.
Die roten Farbtöne zeigen besonders *A. hongsloi* und *A. njisseni* nur bei optimalen Wasserwerten und Fütterung mit Kleinkrebsen.

Geschlechtsunterschiede: Ausgewachsene Männchen fast aller Arten werden deutlich größer als die Weibchen, zeigen buntere Farben und besitzen größere Flossen.

Fortpflanzung und Zucht: *Apistogramma* tendieren in den meisten Fällen zu Polygamie. Bietet sich den Männchen die Möglichkeit, laicht es mit mehreren Weibchen nacheinander ab. Die Neigung zur Haremsbildung ist allerdings unterschiedlich stark ausgeprägt. Während *A. njisseni* und *A. borellii* hauptsächlich in Einehe leben, nehmen die anderen Arten jede Gelegenheit zur Vielehe wahr. Die Männchen balzen die Weibchen an, die sich in ihrem Revier aufhalten. Ist ein Weibchen laichreif, kommt es bald zur Paarbildung. Die zukünftigen Eltern suchen gemeinsam oder alleine eine Höhle zum Ablaichen aus, nachdem das Weibchen die Höhlen-

TIP

Kennzeichen gesunder Fische

Im vollbesetzten Becken des Zoohändlers zeigen Zwergbuntbarsche nicht immer ihre schönsten Farben. Um trotzdem herauszufinden, ob die Fische gesund und in gutem Allgemeinzustand sind, gibt es einige Kennzeichen:
✔ Die Tiere sollten ihrem jeweiligen Temperament entsprechend umherschwimmen.
✔ Bei einer Futtergabe sollten sie zügig zum Fressen kommen.
✔ Wenn Sie den Fisch von vorn anschauen, sollte das Rückenprofil rund sein und nicht kantig auf die Rückenflosse zulaufen.
✔ Der Bauch soll rund und nicht eingefallen sein.

decke mit dem Maul geputzt hat. Danach kümmern sich die Männchen meist nur noch um die Verteidigung des Reviers und nicht um die Brutpflege. Das Weibchen hat inzwischen sein meist gelb-schwarzes Brutpflegekleid angelegt und kümmert sich um die Pflege der Eier und um die nach etwa drei Tagen schlüpfenden Larven. Erst wenn die Larven nach etwa zehn Tagen aufschwimmen und Nahrung zu sich nehmen, beteiligt sich manchmal auch das Männchen an der Brutpflege.
Die freischwimmenden Jungfische sind groß genug, um von Anfang an Artemia-Nauplien zu fressen (→ PRAXIS Zucht, Seiten 58/59).
Ähnliche Gattungen: *Taenicara* und *Apistogrammoides*.

IM PORTRÄT:
SÜDAMERIKANISCHE CICHLIDEN

Zwergbuntbarsche aus Südamerika
sind die beliebtesten der im Handel
angebotenen Arten. Lassen Sie sich von
der Farb- und Formenvielfalt
beeindrucken.

Foto oben: Imponierendes Männchen
des Glänzenden Zwergbuntbarsches
(Nannacara anomala).

Foto oben: Apistogramma trifasciata, eine der
kleinsten Apistogramma-Arten (Männchen).

Foto oben: Bullige Zuchtform des Schmetterlings-
buntbarsches (Mikrogeophagus ramirezi).

Foto oben: Voll ausgefärbtes Männchen des
Rotstrich-Apistogramma (A. hongsloi).

*Foto links: Wildfang-Männchen
des Kakadu-Zwergbuntbarsches
(Apistogramma cacatuoides).*

*Foto oben: Gabelschwanz-Schachbrettcichliden
(Dicrossus filamentosus), links: Weibchen;
rechts: Männchen.*

*Foto oben: Tüpfelbuntbarsch-
Männchen (Laetacara
curviceps).*

*Foto rechts: Teleo-
cichla gephyrogram-
ma ist ein Strom-
schnellen-
bewohner.*

*Foto oben: Gelbe Zwergbuntbarsche
(Apistogramma borellii) gibt es
in verschiedenen
Varianten.*

Rundköpfe der Gattung Laetacara

Drei von sechs Arten aus der Gattung *Laetacara* gehören zu den Zwergbuntbarschen, darunter der Tüpfelbuntbarsch, *Laetacara curviceps*, ein »Klassiker« unter den Zwergbuntbarschen.

Herkunft: *Laetacara*-Arten sind fast im ganzen tropischen Südamerika verbreitet.

Lebensraum: Zwerg-*Laetacara* leben ausschließlich in warmen, stehenden und stark verkrauteten Bereichen großer und kleiner, klarer und trüber Gewässer, darunter auch in »Schwimmenden Wiesen«.

Aquarium und Einrichtung: Sie sind bereits in kleinen, am Boden und an der Wasseroberfläche dicht bepflanzten, mit kleinen Wurzeln und Kieseln bestückten Becken gut zu pflegen. Da sie recht scheu sind, empfehle ich in Becken ab 80 cm Größe eine Vergesellschaftung mit kleinen Schwarmfischen. In Gesellschaft ruppiger Mitbewohner gehen sie unter.

Wasser: Anspruchslos, solange die für ihr Wohlbefinden nötigen hohen Temperaturen vorhanden sind. Sie gedeihen bei weichem, leicht saurem Wasser am besten.

Ernährung: Über ihre Ernährung in der Natur ist nichts bekannt. Im Aquarium nehmen sie alle gängigen Futtersorten gerne an.

Geschlechtsunterschiede: Ausgewachsene Männchen werden nur geringfügig größer als die Weibchen. Die meisten Weibchen haben oft einen dunklen Fleck auf der Rückenflosse.

Fortpflanzung und Zucht: Monogame Offenbrüter, deren Paarbindung über mehrere Bruten hinweg andauern kann. Zwerg-*Laetacara* gehören zu den wenigen Cichliden, bei denen die Männchen von Anfang an die Brutpflege übernehmen können, die Weibchen dafür das Revier verteidigen. Abgelaicht wird in Bodennähe auf Kieseln, aber auch zwischen Schwimmpflanzen. Die mehreren hundert Jungen werden etwa drei Wochen von beiden Eltern betreut. Als Erstnahrung genügt fein zerriebenes Trockenfutter. Frisch geschlüpfte Artemia sind ihnen manchmal zu groß.

Südamerikanische Schmetterlingsbuntbarsche (Mikrogeophagus)

Beide Arten, *Mikrogeophagus ramirezi* und *M. altispinosa* gehören zu den Zwergcichliden.

Herkunft: Kolumbien und Venezuela *(M. ramirezi)*, Bolivien *(M. altispinosa)*.

Aufsitzerpflanzen: Javafarn (links) und Javamoos (rechts).

Südamerikanische Zwergbuntbarsche

Deutscher Name Lateinischer Name	Größe Männchen/Weibchen	Optimale Beckengröße	Temperaturbereich	Wassertyp** Pflege	Wassertyp Zucht
Agassiz– Zwergbuntbarsch *Apistogramma agassizii*	10 cm / 5 cm	100 cm (1 M*/ 2 W*)	26 - 28° C	Typ 1 - 3	Typ 1
Kakadu–Zwergbuntbarsch *Apistogramma cacatuoides*	9 cm / 5 cm	100 cm (1 M / 2 W)	24 - 26° C	Typ 2 - 4	Typ 2 - 3
Panda–Zwergbuntbarsch *Apistogramma njisseni*	8 cm / 5 cm	80 cm (1 M / 1 W)	24 - 27° C	Typ 1 - 3	Typ 1
Gelber Zwergbuntbarsch *Apistogramma borellii*	7 cm / 4 cm	60 cm (1 M / 1 W)	22 - 24° C	Typ 2 - 4	Typ 2 - 4
Rotstrich–Apistogramma *Apistogramma hongsloi*	7 cm / 4,5 cm	100 cm (1 M / 2 W)	25 - 27° C	Typ 1 - 2	Typ 1
Apistogramma trifasciata	6 cm / 3,5 cm	80 cm (1 M / 2 W)	24 - 27° C	Typ 2 - 3	Typ 2
Tüpfelbuntbarsch *Laetacara curviceps*	7 cm / 6 cm	60 cm (1 M / 1 W)	26 - 30° C	Typ 2 - 4	Typ 2 - 3
Schmetterlingsbuntbarsch *Mikrogeophagus ramirezi*	5 cm / 4,5 cm	60 cm (1 M / 1 W)	26 - 30° C	Typ 1 - 3	Typ 1 - 2
Glänzender Zwergbuntbarsch *Nannacara anomala*	8 cm / 5 cm	80 cm (1 M / 1 W)	25 - 28° C	Typ 1 - 4	Typ 1 - 3
Gabelschwanz- Schachbrettcichlide *Dicrossus filamentosus*	9 cm / 6 cm	100 cm (1 M / 2 W)	27 - 30° C	Typ 1 - 2	Typ 1
Teleocichla gephyrogramma	6 cm / 5 cm	80 cm (1 M / 1W)	26 - 29° C	Typ 2 - 4	Typ 2

* M = Männchen, W = Weibchen
** Wassertyp → Seite 37

Lebensraum: Pflanzenreiche Stillwasserbereiche von Savannengewässern. Warmes (27 bis 33° C) und extrem weiches, saures Wasser.

Aquarium und Einrichtung: Dichtbepflanzte Becken mit feinsandigem Bodengrund, Kieseln und Wurzeln. Für die Haltung einzelner Paare reicht ein 60-Liter-Becken aus.

Wasser: *M. ramirezi* braucht gut temperiertes, weiches, am besten leicht saures Wasser. *M. altispinosa* ist nicht so anspruchsvoll.

Ernährung: Alle kleinen Futtersorten. Kleines Lebendfutter, besonders die kräftige Fütterung mit Kleinkrebsen fördert die roten Farbtöne.

Geschlechtsunterschiede: Weibchen mit Laichansatz haben einen kräftig rosaroten Bauch.

Fortpflanzung und Zucht: Monogame Offenbrüter, die in der Natur zum Höhepunkt der Trockenzeit laichen, wenn die Temperaturen über 30° C betragen. Weiches und saures Wasser sind für die Zucht Voraussetzung. Beide Eltern kümmern sich um die Brut, die nach dem Freischwimmen mit Pantoffeltierchen gefüttert werden muß, später mit Artemia-Nauplien.

Die Gattung Nannacara

Zu dieser Gattung gehören etwa vier Arten.

Herkunft: Nordöstliches Südamerika.

Lebensraum: Pflanzen- oder strukturreiche Schwarz- oder Klarwasserbäche und -sümpfe.

Aquarium und Einrichtung: Besonders struktur- und pflanzenreiche, große Becken, in denen sich die recht aggressiven Paarpartner aus dem Weg gehen können. Für jedes Tier sollte mehr als ein Versteck zur Verfügung stehen.

Wasser: Weiches, saures Wasser. Ausnahme: Aquarienstämme von *N. anomala*.

Ernährung: Alle gängigen kleinen Futtersorten.

Geschlechtsunterschiede: Außer bei *N. taenia* sind die Männchen wesentlich größer und farbiger als die Weibchen.

Fortpflanzung und Zucht: Vorwiegend monogame Versteckbrüter, die manchmal auch offen auf einem Kiesel ablaichen. Männchen sind während der Balz sehr fordernd und aggressiv. Weibchen können in zu kleinen Becken während der Brutpflege dem Männchen und anderen Aquarienbewohnern sehr zusetzen.

Schachbrettcichliden der Gattung Dicrossus

Vier Arten besonders graziler Zwergcichliden.

Herkunft: Nördliches Südamerika.

Lebensraum: Warme Schwarz- und Klarwasserflüsse, - bäche und -lagunen der Regenwälder und Savannen. *D. filamentosus* stammt aus der Fallaub- bzw. Flachwasserzone des berühmten Rio Negro und des Orinoco.

Aquarium und Einrichtung: Feiner weißer Quarzsand mit einer Schicht aus getrockneten Buchen- oder Eichenblättern und Wurzeln. Vergesellschaftung mit Salmlern wie Roter Neon.

Wasser: Extrem weiches, saures und warmes Wasser ist unbedingt nötig. *D. maculatus* verträgt

Bolivianischer Schmetterlingsbuntbarsch (Mikrogeophgus altispinosa).

*Gelbe Lokalform des Apistogramma
agassizii – sehr schön, aber anspruchsvoll.*

auch mittelhartes, nur leicht saures Wasser.
<u>Ernährung:</u> Häufige Fütterung mit feinem
Lebend- und Frostfutter.
<u>Geschlechtsunterschiede:</u> Männchen mit bunte-
ren und wesentlich längeren Flossen.
<u>Fortpflanzung und Zucht:</u> Nur in extrem sau-
rem, weichem Wasser. Nach dem Ablaichen
kümmert sich das Weibchen um die weitere
Brutpflege. Anfütterung mit Artemia-Nauplien.

Die Gattung Teleocichla
Über 15 meist unbeschriebene Arten.
<u>Herkunft:</u> Nordöstliches Südamerika.
<u>Lebensraum:</u> Vor allem schnellfließende Klar-

wasserflüsse Amazoniens. Die kleinen, in diesem
Buch beschriebenen Arten, zum Beispiel *T. gephyrogramma*, bewohnen die Geröll- oder Fels-
zone und bewegen sich in Bodennähe eher
hüpfend als schwimmend fort.
<u>Aquarium und Einrichtung:</u> Kleine Röhrenver-
stecke auf Kiesboden. Die Fische reagieren auf
Strömung mit lebhafterem Verhalten.
<u>Wasser:</u> Warmes, weiches, leicht saures Wasser.
<u>Ernährung:</u> Nur kleines Lebend- oder Frostfut-
ter (Kleinkrebse, kleine Mückenlarven, Artemia-
Nauplien). Daher mehrmals am Tag füttern.
<u>Geschlechtsunterschiede:</u> Weibchen kleiner.
<u>Fortpflanzung und Zucht:</u> Höhlenbrüter, bei de-
nen sich das Weibchen um die direkte Brutpflege kümmert, während das Männchen das Revier
sichert. Manche Arten sind auch polygam. Anfütterung mit Artemia-Nauplien.

West- und zentralafrikanische Zwergbuntbarsche

Afrikanische Zwergbuntbarsche sind genauso schön wie südamerikanische. Fast alle Arten lassen sich paarweise halten.

Prachtbuntbarsche der Gattung Pelvicachromis

Es gibt fünf beschriebene und mindestens drei unbeschriebene Arten. Viele Farbformen.
Herkunft: West- und Zentralafrika.
Lebensraum: Hauptsächlich klare, manchmal teefarbene Regenwaldbäche und -flüßchen, deren Bodengrund sandig oder kiesig ist und in dem Wasserpflanzen, zum Beispiel Wasserlilien, tief verwurzelt sind. Zwischen den Wurzeln heben die Tiere gerne ihre Bruthöhlen aus. In der Trockenzeit werden diese Gewässer manchmal zu schlammigen Restwasserpfützen. Das Wasser der Bäche ist meist extrem weich und schwach bis stark sauer.

Aquarium und Einrichtung: Wichtigste Voraussetzung sind einige Höhlen, die auf sandigem oder feinkiesigem Bodengrund aufliegen. Außerdem sollte das Becken reich mit Wurzeln strukturiert und gut bepflanzt sein. Die Höhlen mit Sand ausfüllen, weil sich die Tiere ihr Versteck selbst graben wollen.
Wasser: Alle Arten bevorzugen weiches, leicht saures Wasser. Ausnahmen bilden die robusten Aquarienstämme des Purpurprachtbuntbarsches, der gut mit mittelhartem bis hartem und leicht alkalischem Wasser zurechtkommt. Die Ansprüche der verschiedenen Varianten von *P. taeniatus* sind unterschiedlich: Alle mögen leicht saures, weiches Wasser. Die Varianten »Muyuka«, »Moliwe« und »Funge« vertragen stark saures Wasser schlecht, kommen dagegen gut mit leicht alkalischen pH-Werten aus. Bei schlechten Wasserwerten neigen alle *Pelvicachromis* zu bakteriellen Infektionen.
Ernährung: Prachtbuntbarsche fressen in der Natur vor allem Insektenlarven, verschmähen andere Nahrung jedoch nicht. Sie stehen gerne in der Nähe leichter Strömung über Sand, um dort nach Nahrung zu graben oder vorbeischwimmendes Futter zu erwischen. Im Aquarium

Paar des Transvestitenbuntbarsches (Nanochromis transvestitus) lugt aus seiner Bruthöhle.

fressen sie alle gängigen Futtersorten, besonders aber verschiedenes Lebendfutter.

Geschlechtsunterschiede: Weibchen sind kleiner, mit metallisch glänzender Rückenflosse, abgerundeten Flossen, rötlichem Bauch und auch sonst bunteren Farben.

Fortpflanzung und Zucht: Monogame Höhlenbrüter, bei denen fast immer das Weibchen die Brutpflege der Eier und Larven übernimmt. Die Weibchen waren auch schon der aktivere Teil bei der Balz: Der dann knallrote oder violette Bauch wird dem Männchen mit gebogenem Körper dargeboten.

Nach dem Freischwimmen der Jungfische beteiligen sich beide Partner intensiv an der Jungfischpflege und Revierverteidigung. Anfütterung mit Artemia-Nauplien.

Besonderes: *Pelvicachromis*-Arten gehören wegen ihrer Friedfertigkeit zu den beliebtesten Zwergbuntbarschen im Gesellschaftsaquarium.

Ähnliche Gattung: *Parananochromis* (ohne *P. longirostris*).

Kongo-Cichliden der Gattung Nanochromis

Es existieren mindestens acht beschriebene und mehrere unbeschriebene Arten.

Herkunft: Kongo-Becken.

Lebensraum: Die Kongo-Cichliden lassen sich grob nach ihrem Lebensraum einteilen: Während die »echten« *Nanochromis* eher in größeren Flüssen *(N. parilus)* und Schwarzwasser-Seen *(N. transvestitus)* vorkommen, bevorzugen die Arten aus der *N. squamiceps*-Gruppe kleine bis allerkleinste, oft pflanzenlose Regenwaldbäche, die sehr kühl (um 20° C) sein können.

Aquarium und Einrichtung: Wie *Pelvicachromis* brauchen sie viele verschiedene Höhlen, die sie selbst ausgraben können. Auch bei den kleinsten Arten sollte das Aquarium groß genug und besonders strukturreich mit Wurzeln, Steinen

TIP

Wildfänge und Nachzuchten

Es gibt sowohl bei Fischen, die aus der Natur entnommen wurden (Wildfänge), als auch bei Nachzuchten Qualitätsunterschiede. Bedenken Sie deshalb folgendes:

✔ Wildfänge sind empfindlicher als Nachzuchten, da letztere über Generationen hinweg an Aquarienbedingungen gewöhnt und daher robuster sind.

✔ Wildfänge sind dafür oft schöner als Massennachzuchten, die häufig mit der Zeit ihre Farbenpracht eingebüßt haben.

✔ Wildfänge sind nicht wie manche Massennachzuchten mit bestimmten Bakterienstämmen verseucht.

✔ Dafür sind Qualitätsnachzuchten wiederum robuster und schöner als Wildfänge und Massennachzuchten.

und Pflanzen eingerichtet sein, da die Männchen extrem aggressiv gegenüber ihren Weibchen werden können. Wenn sie sich nicht aus dem Weg gehen können, kommt es schnell zum Tod eines Partners.

Wasser: *Nanochromis*-Arten besiedeln Gewässer mit sehr unterschiedlicher Wasserqualität: *N. parilus* und weitere Arten aus dem unteren Kongo vertragen nur weiches bis mittelhartes, leicht alkalisches Wasser und kein extrem saures, sehr weiches Wasser. Die Arten aus dem Inneren des Kongo-Regenwaldes *(N. transvestitus, N. squamiceps)* dagegen brauchen gerade diese Bedingungen, vor allem für die Zucht. Ihre wunderschönen Farben zeigen Kongo-Cichliden ausschließlich bei optimalen Wasserwerten.

IM PORTRÄT:
AFRIKANISCHE CICHLIDEN

Bei vielen afrikanischen Zwergbuntbarschen sind die Weibchen das schönere Geschlecht. Die meisten Arten zeigen ihre bunte Farbenpracht vor allem bei der Balz.

Foto oben: Weibchen des Genetzten Prachtbuntbarsches (Pelvicachromis taeniatus).

Foto oben: Männchen des Silberfleck-Nanochromis (Nanochromis squamiceps).

Foto unten: Weibchen des Pelvicachromis subocellatus in Prachtfärbung für die Balz.

Foto oben: Pelvicachromis sp. »Bandi II« ist wissenschaftlich noch unbeschrieben.

Foto oben: Blaue Kongo-Cichliden (Nanochromis parilus); hinten das Weibchen.

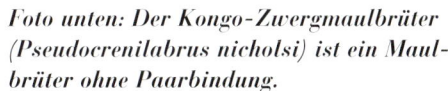

Foto unten: Der Kongo-Zwergmaulbrüter (Pseudocrenilabrus nicholsi) ist ein Maulbrüter ohne Paarbindung.

Foto oben: Weibchen des Purpurprachtbuntbarsches (Pelvicachromis pulcher).

Foto oben: Weibchen des Transvestitenbuntbarsches (Nanochromis transvestitus).

Foto links: Afrikanischer Schmetterlingsbuntbarsch (Anomalochromis thomasi).

Ernährung: Kongo-Cichliden ernähren sich in der Natur hauptsächlich von Insektenlarven, die sie im feinen Sand oder zwischen Laub und Totholz finden. Im Aquarium füttern Sie daher am besten lebende und gefrorene Mückenlarven und Kleinkrebse. Trockenfutter nehmen sie gerne, sollte aber nur mäßig verfüttert werden.

Geschlechtsunterschiede: Die Weibchen sind kleiner mit abgerundeten Flossen, rötlichem Bauch und auch sonst bunteren Farben.

Fortpflanzung und Zucht: Monogame Höhlenbrüter, bei denen fast immer das Weibchen die Brutpflege übernimmt. Wichtigste Voraussetzung für eine erfolgreiche Zucht sind versteckreiche Becken, die groß genug sind. Laichreife Nanochromis-Weibchen sehen aus, als ob sie eine Murmel verschluckt hätten, und balzen wie Prachtbuntbarsche sehr intensiv. Nach dem Frei-

Feinfiedrige Stengelpflanzen kann man auch schwimmend einsetzen.

schwimmen der Jungfische beteiligen sich beide Partner an der Jungfischpflege und Revierverteidigung, allerdings kommt es – vor allem bei ungünstigen Wasserbedingungen – gerne zum Streit zwischen den Partnern, und die Eier werden aufgefressen. In diesem Fall müssen Sie darauf achtgeben, daß das Weibchen nicht vom Männchen totgebissen wird, und es kräftig füttern, damit es bald wieder laichreif wird. Anfütterung der Jungen mit Artemia-Nauplien.

Besonderes: *Nanochromis* zeigen ihre schönen Farben vor allem während der Balz.

Afrikanische Schmetterlingsbuntbarsche der Gattung Anomalochromis

Nur eine beschriebene Art *(A. thomasi)* in mehreren Varianten und eine unbeschriebene bekannt.

Herkunft: Westliches Westafrika.

Lebensraum: Anspruchslose Art, die die verschiedensten Gewässer bewohnt, von kleinen Bächen bis zu großen Flüssen, sofern sie einige schattige Partien aufweisen.

Aquarium und Einrichtung: Dunkel gehaltene, dicht bepflanzte Becken mit einigen Kieselsteinen und Wurzeln kommen dem sehr scheuen Temperament dieser Tiere entgegen.

Wasser: Sie bevorzugen weiche, leicht saure Wasserwerte.

Ernährung: Jedes gängige Lebend-, Frost- und Trockenfutter. Es darf nur nicht zu groß für ihre kleine Maulspalte sein. Über ihre Ernährung in der Natur ist nichts bekannt.

Geschlechtsunterschiede: Die Geschlechter sind schwierig zu unterscheiden. Ausgewachsene Weibchen sind etwas kleiner. Die schwarzweißen Zeichnungselemente wirken beim Weibchen oft kontrastreicher.

Fortpflanzung und Zucht: Monogame Offenbrüter. Beide Eltern kümmern sich von Anfang an um die auf einem Kieselstein oder ähnli-

West- und zentralafrikanische Zwergbuntbarsche

Deutscher Name Lateinischer Name	Größe Männ- chen/Weibchen	Optimale Beckengröße	Temperatur- bereich	Wassertyp** Pflege	Wassertyp Zucht
Purpurprachtbuntbarsch *Pelvicachromis pulcher*	10 cm / 7 cm	80 cm (1 M* /1 W*)	25 - 28° C	Typ 2 - 4	Typ 2 - 4
Genetzter Prachtbuntbarsch *Pelvicachromis taeniatus*	8,5 cm / 6 cm	60 cm (1 M / 1 W)	24 - 27° C	Typ 1 - 3 (siehe Art)	Typ 1 - 3 (siehe Art)
»Subocellatus« *Pelvicachromis subocellatus*	9 cm / 6,5 cm	80 cm (1 M / 1 W)	25 - 28° C	Typ 1 - 3	Typ 1 - 2
»Bandi II« *Pelvicachromis sp. Bandi II*	9 cm / 6 cm	80 cm (1 M / 1 W)	25 - 27° C	Typ 2 - 3	Typ 2
Silberfleck-Nanochromis *Nanochromis squamiceps*	8 cm / 5,5 cm	60 cm (1 M / 1 W)	23 - 26° C	Typ 1 - 3	Typ 1 - 2
Transvestitenbuntbarsch *Nanochromis transvestitus*	8 cm / 5,5 cm	60 cm (1 M / 1 W)	25 - 27° C	Typ 1 - 2	Typ 1 (bis pH 5,8)
Blauer Kongo-Cichlide *Nanochromis parilus*	7 cm / 5 cm	100 cm (1 M / 1 W)	24 - 27° C	Typ 2 - 4	Typ 3
Zwergbuckelkopfbuntbarsch *Steatocranus sp. aff.* *ubanguiensis*	7 cm / 5 cm	60 cm (1 M / 1 W)	25 - 28° C	Typ 2 - 4	Typ 2 - 4
Afrikanischer **Schmetterlingsbuntbarsch** *Anomalochromis thomasi*	8 cm / 7 cm	80 cm (1 M / 1 W)	24 - 28° C	Typ 2 - 4	Typ 2 - 4
Kongo-Zwergmaulbrüter *Pseudocrenilabrus nicholsi*	8 cm / 6,5 cm	80 cm (1 M / 3 W)	24 - 27° C	Typ 2 - 4	Typ 2 - 4
Bunter Zwergmaulbrüter *Pseudocrenilabrus multicolor*	8 cm / 6,5 cm	80 cm (1 M / 3 W)	23 - 27° C	Typ 3 - 6	Typ 3 - 6

* M = Männchen, W = Weibchen.
** Wassertyp → Seite 37.

Purpurprachtbuntbarsch-Paar (Pelvicachromis pulcher) mit freischwimmenden Jungen.

chem abgelegten Eier und später um Larven und Jungfische. Da Schmetterlingsbuntbarsche auf Störungen sensibel reagieren, führen sie die Brutpflege oft nicht zu Ende. Hat es bis zum Freischwimmen der Brut geklappt, gehören sie aber zu den aufopferndsten Buntbarsch-Eltern. Anfütterung der Jungen mit Artemia oder mit zerriebenem Trockenfutter.

Besonderes: *Anomalochromis* fressen sehr gerne kleine Schnecken, die in viele Aquarien eingeschleppt werden.

Buckelköpfe aus der Gattung Steatocranus

Nur einige der über zehn Arten aus dieser Gattung sind Zwergarten, die trotz ihres interessanten Verhaltens nur selten importiert werden.

Herkunft: Kongo-Becken.
Lebensraum: Felsige Stromschnellen großer Flüsse. Der Zwergbuckelkopf, *St.* sp. aff. *ubanguiensis*, und der Rotaugen-*Steatocranu*s scheinen ihrem Verhalten nach Algenfresser zu sein, die sie in der Strömung von Steinen zupfen.
Aquarium und Einrichtung: Mittelgroße Becken mit Kieselsteinen, Steinplatten, Wurzeln und anderen Verstecken wie Kokosnußschalen. Strömung wird geschätzt, ist aber nicht unbedingt nötig, wenn das Wasser sauerstoffreich genug ist. Eine starke Beleuchtung hilft, das Algenwachstum auf den Steinen anzuregen. Die klei-

nen Arten sind durchsetzungsfähig und sollten am besten mit flinken Schwarmfischen, zum Beispiel mit Kongosalmlern, gehalten werden.
Wasser: Anspruchslos. Zu saures Wasser wird jedoch nicht vertragen.
Ernährung: Als Grünfutterfresser brauchen sie Spirulina-Flocken und/oder Spirulina-Futtertabletten. Gefrostete Kleinkrebse sind ähnlich ballaststoffreich. Auf keinen Fall Mückenlarven oder anderes zu gehaltvolles Futter geben.
Geschlechtsunterschiede: Die Männchen entwickeln einen stärkeren Buckel, werden größer und besitzen länger ausgezogene Flossen.
Fortpflanzung und Zucht: Monogame Versteckbrüter, die oft im hintersten Winkel eines Steinaufbaus laichen, so daß man nach etwa 14 Tagen unerwartet Junge sieht. Die Balz geht stark vom Weibchen aus. Der Zwergbuckelkopf ist einer der wenigen Buntbarsche, bei denen die Männchen regelmäßig die Brutpflege der Eier übernehmen, während die Weibchen für die Revierverteidigung zuständig sind. Aufzucht der wenigen Jungen mit Artemia und pflanzlichem Trockenfutter.

Zwergmaulbrüter aus der Gattung Pseudocrenilabrus

Es gibt drei beschriebene Arten mit mehreren Varianten.
Herkunft: Östliches und südliches Afrika.
Lebensraum: Sümpfe, Seen, kleine Fließgewässer im Einzugsgebiet des Nils. Zwergmaulbrüter halten sich bevorzugt in der Nähe von Wasserpflanzen oder bei ins Wasser hängender Ufervegetation auf.
Aquarium und Einrichtung: Becken mit teilweise dichter Hintergrundbepflanzung. Das restliche Becken sollte zwischen lockerer Bepflanzung genügend freien Schwimmraum aufweisen. Feinkörniger Bodengrund. In

das Pflanzendickicht können sich brutpflegende Weibchen zurückziehen, ohne von Männchen belästigt zu werden.
Wasser: Anspruchslos. Nur extrem weiches und saures Wasser wird nicht vertragen.
Ernährung: Jede gängige Futtersorte wird angenommen. Um die schönen Farben langfristig zu erhalten, sollte man viele Kleinkrebse und Mückenlarven verfüttern.
Geschlechtsunterschiede: Die Männchen sind größer und wesentlich bunter mit lang ausgezogenen Flossen.
Fortpflanzung und Zucht: Maulbrüter im weiblichen Geschlecht ohne Paarbindung. Das Männchen balzt alle Weibchen im Aquarium an und laicht mit den willigen ab, ohne sich später um die Brutpflege zu kümmern. Damit nicht zuviel Streß für ein einzelnes Weibchen entsteht, sollte man immer drei bis vier Weibchen mit einem Männchen zusammen halten. Die Weibchen brüten die Jungen 12 bis 14 Tage *(P. multicolor)* bzw. 17 bis 20 Tage *(P. nicholsi)* aus. Danach entlassen sie voll entwickelte Jungfische aus dem Maul, die noch etwa drei weitere Tage bei Gefahr ins Maul zurückgenommen werden. Zur gezielten Aufzucht sollte das Weibchen kurz vor Ende der Tragzeit in ein Extra-Becken gesetzt werden. Anfütterung der Jungen mit Artemia-Nauplien und Trockenfutter.

Zwergbuckelkopf-Weibchen (Steatocranus ubanguiensis) besitzen nur einen kleinen Kopfbuckel.

Richtig vergesellschaften

Zwergbuntbarsche lassen sich unter Beachtung bestimmter Regeln sehr gut in Gesellschaftsbecken pflegen und sogar züchten. Sie können verschiedene Arten zusammen halten oder Zwergbuntbarsche mit Fischen aus den verschiedensten Verwandtschaftsgruppen, zum Beispiel Salmlern, Killis oder Labyrinthfische, vergesellschaften.

Auf dieser Seite finden Sie Vorschläge für eine dem natürlichen Lebensraum weitgehend entsprechende Vergesellschaftung.

Anspruchsvolle Südamerikaner

Zwergbuntbarsche: *Apistogramma njisseni, A. agassizii, A. hongsloi, Dicrossus filamentosus, Mikrogeophagus ramirezi.*

Kleines Becken (80 cm): *A. njisseni, M. ramirezi* mit einem Trupp (fünf bis zehn) Salmler, einer Killi- oder einer lebendgebärenden Art.

Großes Becken (ab 1 m): Zwei Zwergbuntbarsche aus verschiedenen Gattungen (aber nicht *Dicrossus* mit *Apistogramma*), ein Trupp Skalare, ein Trupp Salmler, Hexenwelse.

Anspruchslosere Südamerikaner

Zwergbuntbarsche: *Apistogramma trifasciata, A. borellii, A. cacatuoides, Laetacara curviceps, Mikrogeophagus altispinosa, Dicrossus maculatus, Nannacara anomala.*

Kleines Becken (80 cm): Eine Zwergbuntbarsch-Art (außer *Dicrossus*) mit einem Trupp Salmler und *Otocinclus*-Welsen.

Großes Becken (ab 1 m): Ein Harem *Apistogramma* oder *Dicrossus* oder zwei Paare *Laetacara, Mikrogeophagus* oder ein Paar *Nannacara* mit einem Schwarm Salmler und einem Trupp Skalare. In Becken ab 1,20 m kann man zu einem *Apistogramma*-Harem noch ein *Laetacara*- oder *Mikrogeophagus*-Pärchen gesellen.

Stromschnellenbewohnende Südamerikaner

Zwergbuntbarsche: *Teleocichla gephyrogramma, T. proselytus.*

Großes Becken (ab 1 m): Zusammen mit einer Zwergbuntbarsch-Art zwei bis drei Welse und ein Schwarm flinker Salmler.

Anspruchsvolle Afrikaner

Zwergbuntbarsche: *Nanochromis transvestitus, N. squamiceps, Pelvicachromis subocellatus, P. taeniatus, P.* sp. *Bandi II.*

Kleines Becken (80 cm): Eine Zwergbuntbarsch-Art mit *Epiplatys*, Leuchtaugenfischen oder einem Pärchen Zwergbuschfische.

Großes Becken (ab 1 m): Eine Zwergbuntbarsch-Art mit *Epiplatys* oder einem Pärchen Zwergbuschfische und einem Trupp Gelber Kongosalmler.

Anspruchslosere Afrikaner

Zwergbuntbarsche: *Anomalochromis thomasi, Pseudocrenilabrus nicholsi, P. multicolor, P. pulcher, P. taeniatus.*

Kleines Becken (80 cm): Ein Paar Zwergbuntbarsche mit einem Schwarm Leuchtaugenfische.

Großes Becken (ab 1 m): Ein Paar Zwergbuntbarsche mit einem Schwarm Leuchtaugenfische oder Salmler und einer *Epiplatys*-Art. In Becken ab 1,20 m zusätzlich ein Versteck- und ein Offen- oder Maulbrüter (bzw. umgekehrt).

Stromschnellenbewohnende Afrikaner

Zwergbuntbarsche: *Steatocranus* sp. aff. *ubanguiensis, St.* sp. *Rotauge, Nanochromis parilus.*

Großes Becken (ab 1 m): Eine Zwergbuntbarsch-Art mit einem Schwarm Kongosalmler. In Becken ab 1,20 m zusätzlich eine andere Stromschnellenart.

10 Goldene Regeln
für die richtige Vergesellschaftung

1 Am besten nur Tiere, die aus dem gleichen Biotop stammen, vergesellschaften. Bei sorgfältiger Auswahl (Temperatur- und Wasseransprüche) können auch Fische aus unterschiedlichen Biotopen zusammenleben, wenn Sie die Vorlieben aller Arten in einem Becken zur Deckung bringen können.

2 Als Mindest-Aquariengröße empfehle ich ein 80-cm-Becken. Beachten Sie aber die Pflegeansprüche der jeweiligen Zwergbuntbarsch-Art. Manche brauchen mehr Platz.

3 Nur Zwergbuntbarsch-Arten mit unterschiedlichem Brutpflegeverhalten miteinander vergesellschaften, zum Beispiel ein Paar Offenbrüter mit einem Harem Versteckbrüter.

4 Nur solche Arten vergesellschaften, die die gleichen Futteransprüche haben.

5 Für jedes Tier sollte mindestens ein Versteck, besser zwei, vorhanden sein.

6 Am besten Fische miteinander vergesellschaften, die verschiedene Beckenregionen bevorzugen, zum Beispiel bodenorientierte Zwergbuntbarsche mit Schwarmfischen der oberen Beckenregion.

7 Achten Sie auch auf das Temperament der Fische. Ruhige Arten fühlen sich von lebhaften gestreßt.

8 Gute Gesellschaftsfische für viele afrikanische Zwergbuntbarsche sind: Leuchtaugenfische, Hechtlinge, Zwergbuschfische, kleine afrikanische Barben und Salmler.

9 Gute Gesellschaftsfische für viele südamerikanische Zwergbuntbarsche sind: südamerikanische Salmler, Hexenwelse, Otocinclus, Skalare und Diskusfische.

10 Stromschnellencichliden aus Südamerika und Afrika lassen sich gut mit verschiedenen Harnischwelsen und größeren, schwimmfreudigen Salmlern halten.

DAS AQUARIUM IM ALLTAG

Die richtige technische Ausstattung des Beckens, eine am natürlichen Lebensraum orientierte Einrichtung, eine sorgfältige Wasserpflege und die artgerechte Ernährung sind die besten Garanten für die erfolgreiche Haltung und Zucht von Zwergbuntbarschen.

Die Ausstattung des Beckens

Becken: Beim Kauf eines silikonkautschukgeklebten Glasbeckens sollten Sie auf eine Dichtigkeitsgarantie von mindestens einem Jahr achten. Die Art der Verklebung ist unerheblich. Da Sonderanfertigungen von Spezialmaßen relativ günstig sind, sollten Sie statt eines Standardmaßes von zum Beispiel 80 x 35 x 40 cm (112 Liter) lieber ein Becken mit 80 x 50 x 30 cm (120 Liter) wählen, da Zwergbuntbarsche eine große Bodenfläche lieben, dafür aber kein hohes Becken brauchen. Stellen Sie das Becken auf eine stabile Unterlage und legen Sie eine 1 cm dicke Styroporplatte dazwischen, damit die Bodenplatte nicht springt.

Für die Filterung von Becken ab 60 Liter sind Motor-Außenfilter empfehlenswert (→ PRAXIS Wasser, Seiten 38/39). Nehmen Sie auf keinen Fall eine zu leistungsstarke Pumpe. Die Filterwirkung hängt nicht von der durchfließenden Wassermenge ab, sondern vom Volumen des Filtermaterials. Eine Filterpumpe, die den Aquarieninhalt pro Stunde zwei- bis dreimal um-

Qualitätsnachzucht des Kakadu-Zwergbuntbarsches (Apistogramma cacatuoides).

wälzt, ist völlig ausreichend. Für kleine Aquarien (60 Liter und weniger) sind Motor-Innenfilter geeigneter. Der Filterauslauf im Aquarium sollte die Wasseroberfläche gut bewegen, damit genug Sauerstoff ins Becken gelangt.

Die regelbare Heizung ist idealerweise im Außenfilter integriert. Alternativ können Sie Stabheizer verwenden, die im Aquarium untergebracht werden. Die Heizleistung richtet sich nach Beckengröße und Außentemperatur. Lassen Sie sich am besten von Ihrem Zoofachhändler beraten. Die Heizerleistung darf nicht zu stark sein, damit es nicht zu schnellen Temperatursprüngen kommt.

Ein Thermometer zur regelmäßigen Temperaturkontrolle ist unerläßlich.

Als Beleuchtung kommen nur Leuchtstoffröhren in Frage, da sie das wirtschaftlichste Verhältnis zwischen bester Farbwiedergabe und Leuchtkraft aufweisen. Zwergbuntbarsche möges es normalerweise nicht sehr hell. Maximal zwei Röhren pro Becken reichen daher aus.

Weiteres Zubehör: Zwei Fischfangnetze, ein 2,5 m langer Schlauch, zwei 10-Liter-Eimer zum Wasserwechseln sowie ein Algenmagnet zum Scheibenputzen. Für guten Pflanzenwuchs eventuell noch eine CO_2-Düngeanlage.

Aquarium einrichten Schritt für Schritt

✔ Zwischen Aquarium und Stellfläche 1 cm dicke Styroporplatte legen. Dunkle Rückwand anbringen: zum Beispiel von außen einen schwarzen Karton oder eine Struktur-Innenwand (Zoofachhandel).

✔ Heizung, Filter, technische Geräte streng nach Gebrauchsanweisung installieren. Eventuell etwas Filtermaterial aus einem bereits laufenden Filter entnehmen.

✔ Feinen, kalkfreien Sand (Quarz-, Lavasand) im Eimer so lange mit Leitungswasser spülen, bis Wasser fast klar bleibt. Bodengrund mit einer etwa 1 cm dicken Schicht bedecken.

✔ Aufsitzerpflanzen (→ rechte Seite) so verteilen, daß mehrere Bereiche entstehen (Reviere).

✔ Doppelt so viele Verstecke wie Fische einbringen.

✔ Becken etwa 5 cm hoch mit temperiertem Wasser, das die richtigen Werte enthält, füllen (→ PRAXIS Wasser, Seiten 38/39).

✔ Sandboden mit 1 bis 2 cm dicker Schicht aus gewässertem Rotbuchen- oder Eichenlaub bedecken (im Herbst braun und trocken von Bäumen, nicht vom Waldboden sammeln). Falls

Laub aus laufendem Becken vorhanden, etwas dazunehmen (wichtige Kleinlebewesen). Einige sandige Flecken zum Graben freilassen.

✔ Becken vorsichtig weiter mit temperiertem, vorbereitetem Wasser auffüllen.

✔ Technische Geräte in Gang setzen und ein, besser zwei Wochen warten, bis ein fischfreundliches Wassermilieu entstanden ist.

Kalkfreie Steine so aufbauen, daß sie nicht einstürzen, wenn die Fische im Versteck graben.

Fische richtig einsetzen

✔ Neue Fische im Plastikbeutel ins Aquarium setzen und mindestens eine halbe Stunde warten (Temperaturangleich).

✔ Dann alle 5 Minuten etwas Aquarienwasser (etwa 1/4 des Beutelinhalts) in den Beutel lassen, damit sich die chemischen Wasserwerte angleichen können.

✔ Fische ins Aquarium entlassen. Auf gejagte Fische, die kein Versteck finden, achten und eventuell herausfangen.

Viele Teleocichla-Arten bevorzugen enge röhrenförmige Verstecke als Laichhöhlen.

Verstecke zum Ablaichen

<u>Kokosnuß:</u> Kokosnuß mit der Säge halbieren. Fruchtfleisch vollständig entfernen. Mit Holzbohrer Eingangsöffnung (2 bis 3 cm) auf einer Seite der halbierten Nuß bohren. Nußhälfte mit der offenen Seite nach unten auf den Sand stellen. Bei Bedarf mit Wurzel beschweren.

<u>Tonröhren</u> (→ Zeichnung, links unten): Man kann sie kaufen (Zoofachhandel) oder selbst töpfern. Sie sollten etwa doppelt so lang wie die Fische sein, der Innendurchmesser jedoch nur wenig größer als der Umfang der Fische. Frisch gebrannte Röhren vor Gebrauch einige Tage wässern. <u>Bambusröhrenstücke</u> aus dem Gartencenter sind ebenfalls gern angenommene Verstecke.

Wurzeln bepflanzen

Wie im natürlichen Lebensraum der Zwergbuntbarsche schaffen Holzwurzeln auch im Aquarium Struktur und Versteckmöglichkeiten. Verwenden Sie aber nur Holzwurzeln, die nicht mehr faulen (Moorkienwurzeln aus dem

Je mehr Pflanzen aufgebunden werden, desto schneller entsteht ein Pflanzenwald.

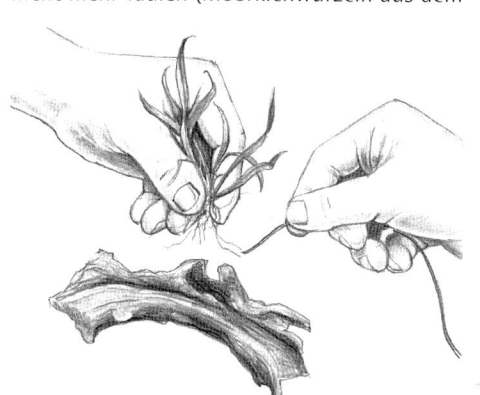

Pflanzenwurzeln mit Baumwollfaden oder Pflanzendraht vorsichtig festbinden.

Zoofachhandel). Andere Wurzeln faulen schnell und verderben das Wasser. Geeignete Pflanzen sind: Javafarn, Kongo-Wasserfarn, Javamoos und Zwergspeerblatt. Diese Pflanzen können entweder direkt an ihren Wurzeln oder als gesamte Pflanze (Javamoos) mit Baum-

wollfäden oder Pflanzendraht (Zoofachhandel) auf der Wurzel festgebunden werden. Gehen Sie vorsichtig vor, um empfindliche Pflanzenwurzeln nicht zu verletzen. Nach ein paar Monaten halten sich die Pflanzen mit eigener Kraft fest, und der Draht kann entfernt werden. Baumwollfäden zersetzen sich auf unschädliche Weise von selbst. (So können Sie auch Steine bepflanzen.)

Nach einiger Zeit halten sich die Pflanzenwurzeln von selbst fest.

Wasser und Wasserpflege

Die Wasserqualität im Aquarium bestimmt die Lebensqualität Ihrer Zwergbuntbarsche. Damit die Fische nicht krank werden, müssen Sie das Wasser stets sauberhalten und die Wasserwerte für die jeweiligen Arten berücksichtigen.

Wasserwechsel ist der beste Filter

Wenn die technische Filterung funktioniert, brauchen Sie sich um die Sauberkeit des Wassers keine allzu großen Sorgen machen. Einmal pro Woche sollten Sie jedoch ein Drittel des Aquarienwassers gegen frisches Wasser, das die geeigneten Werte aufweist, auswechseln. Auf diese Art schaffen Sie am effektivsten alle im Wasser gelösten Schadstoffe heraus, die durch Futterreste und die Ausscheidungen der Fische hineingelangt sind. Zur Sicherheit können Sie noch den Wert des Schadstoffs Nitrat messen (Meßkits sind im Zoofachhandel erhältlich). Er sollte niemals über 50 mg/l liegen, besser unter 20 mg/l.

Der Nitrat-Wert ist zu hoch: Falls sich ein schlechter Wert durch Wasserwechsel und Filterreinigung nicht oder nur kurzfristig ändert, kann die hohe organische Belastung folgende Ursache haben:

✔ Das Becken ist übersetzt. Vergleichen Sie Ihren Besatz mit den Vergesellschaftungsvorschlägen auf Seite 30.

✔ Das Trinkwasser ist nitratbelastet. Informieren Sie sich bei Ihrem Wasseramt. Falls nötig, filtern Sie Ihr Leitungswasser über eine Umkehrosmoseanlage (→ PRAXIS Wasser, Seite 38).

✔ Im Aquarium gibt es irgendwo eine »Gammelecke« mit einem größeren toten Fisch oder einer Ansammlung von Futterresten. In diesem Fall sind auch andere Schadstoffwerte gefährlich hoch. Entfernen Sie die Gammelecke und wechseln Sie in den nächsten Tagen täglich ein Viertel des Aquarienwassers aus, bis Sie wieder bessere Werte messen. Füttern sie ein paar Tage nicht, außer Sie haben Jungfische im Becken.

Der Säuregrad (pH-Wert)

Er ist neben der Sauberkeit des Wassers und der Wasserhärte die wichtigste Meßgröße, weil viele Zwergbuntbarsche bereits zur Pflege, erst recht aber zur Zucht leicht bis stark saures Wasser benötigen. Sie können den pH-Wert mit Meßreagenzien (Zoofachhandel) leicht messen. Je nach Säuregrad bezeichnet man Wasser als sauer (pH-Wert 1 bis 6,9), neutral (pH-Wert 7) oder alkalisch (pH-Wert 7,1 bis 14). Zwergbuntbarsche bevorzugen für die Pflege pH-Werte zwischen 5 und maximal 7,5. Da Leitungswasser meist alkalisch ist, müssen Sie den pH-Wert oft gezielt senken (→ PRAXIS Wasser, Seiten 38/39). Grundsätzlich wichtig zu wissen ist, daß extrem saures Wasser (pH-Wert 4,5 bis 6) schwieriger zu pflegen ist als weniger saures. Bei (Zucht-) Becken, für die Sie diese Wasserwerte anstreben, sollten Sie besonders darauf achten, daß diese nur sehr schwach mit Fischen besetzt sind, die Filterung einwandfrei arbeitet und ausreichend groß dimensioniert ist.

Die Wasserhärte

Viele Zwergbuntbarsche brauchen aber nicht nur saures, sondern auch weiches Wasser. Als weiches Wasser bezeichnet man Wasser ohne oder mit nur wenig Härtebildnern, zum Beispiel Kalk. Es gibt zwei wichtige »Härten«: die Karbonathärte, die in Grad Karbonathärte gemessen wird (°dKH), und die Gesamthärte, die in Grad deutscher Härte (°dGH) gemessen wird. Die Differenz ergibt die Nichtkarbonathärte. Bis etwa 8° dgH bezeichnet man Wasser als weich, bei 8 bis 16° dGH als mittelhart und bei allen Werten darüber als hart. Ein für die meisten Zwergbuntbarsche ideales Wasser enthält

keine oder kaum Karbonathärte (bis 3° dKH)
und etwa 5 bis 8° dGH Gesamthärte. Wie Sie
die Wasserhärte senken, steht auf den PRAXIS-
Seiten 38/39.

Die Wassertypen

Man kann folgende Wassertypen unterscheiden,
wobei für Zwergbuntbarsche – je nach Art –
Typ 1 bis 3 am vorteilhaftesten sind (→ Tabellen,
Seite 19 und 27).

- Typ 1: pH: 4,5 – 6,5; °dKH: 0 – 3
- Typ 2: pH: 5,5 – 6,8; °dKH: 3 – 8
- Typ 3: pH: 6,8 – 7,5; °dKH: 3 – 8
- Typ 4: pH: 6,8 – 7,5; °dKH: 8 – 16
- Typ 5: pH: 7,2 – 8,5; °dKH: > 12
- Typ 6: pH: > 8; °dKH: > 12

*Paar des Silberfleck-Nanochromis (N. squa-
miceps): Weibchen in einer Bambusröhre.*

Die richtige Temperatur

Die Temperatur des Wassers wird als wichtiges
Pflegekriterium häufig übersehen. Das gilt besonders, wenn man neu gekaufte Fische einfach
in ein laufendes Becken dazusetzt (→ Fische
richtig einsetzen, Seite 34). Zwergbuntbarsche,
die dauernd zu warm gehalten werden, kümmern und sind krankheitsanfällig, genauso wie
zu kühl gehaltene Tiere. Bedenken Sie, daß in
der Natur der Temperaturunterschied zwischen
dem wärmsten und kältesten Zwergbuntbarsch-
Biotop fast 10° C ausmachen kann.

Wasser sauberhalten

Das Wasser im Aquarium kann mittels eines Filters von organischen Abfallprodukten befreit werden. Im Filter sind biologische Filtermaterialien (→ Außenfilter, rechte Seite) enthalten, die schadstoffabbauenden Bakterien Platz schaffen, die wiederum die Abfallprodukte in weniger gefährliche Stoffe umwandeln. Letztere werden schließlich durch den Wasserwechsel (→ Seite 36) aus dem Aquarium entfernt. Die Filterbakterien brauchen ein bis zwei Wochen, bis sie ihre Wirkung entfalten, weshalb ein neu eingerichtetes Becken während dieser Zeit noch unbesetzt bleiben soll. Diese Anfangsphase können Sie beschleunigen, wenn Sie etwas Filtermaterial aus einem bereits laufenden Filter dazunehmen.

Wasserhärte und pH-Wert senken

Filtertorf entfernt einen Teil der Wasserhärte (Karbonathärte) und säuert das Wasser an. Packen Sie 1/2 bis 1 Liter Torf in einem Filterstrumpf in einen Außenfilter und verfolgen Sie täglich die Veränderung der Wasserwerte. Sind die richtigen Werte erreicht, entfernen Sie den Torf wieder. Eichenextrakt (Zoofachhandel) ist ein Naturprodukt und dient nur zur Ansäuerung des Wassers. Gehen Sie bitte nach Gebrauchsanweisung vor. Allgemein gilt, daß sich weiches Wasser leichter ansäuern läßt als hartes.

Umkehrosmoseanlage

Eine solche Anlage besteht aus drei Einheiten, die Sie auf der Zeichnung als Säulen erkennen können. Das zu enthärtende Wasser aus dem Wasserhahn fließt zunächst durch die erste Einheit, die es von schädlichem Chlor und Grobschmutz befreit. Danach passiert es die Hauptsäule, die die Umkehrosmosemembran enthält. Dabei wird das Wasser mit Hilfe des Drucks aus der Wasserleitung durch einen feinen Filter gepreßt, so daß auf der einen Seite Restwasser mit Härtebildnern zurückbleibt und sich auf der anderen Seite härtebildnerfreies Wasser sammelt. Das harte Restwasser geht von der Hauptsäule in das Abwasser; das Reinstwasser, das zur Entfernung von geringsten Schadstoffspuren noch in einer dritten Stufe durch einen Aktivkohlefilter gepreßt wird, steht für die Weichwasserzubereitung zur Verfügung und muß in einem Gefäß gesammelt werden.

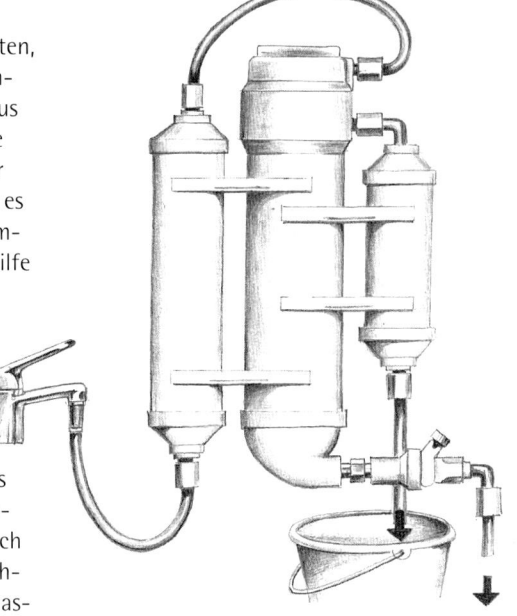

Das Verhältnis von Restwasser zu Reinstwasser liegt etwa bei 3:1.

Außenfilter

<u>Oben:</u> Filterschaumstoff oder Filterwatte zur Grobklärung des Wassers. Diese Lage alle ein bis zwei Wochen mit handwarmem Leitungswasser gut auswaschen.

<u>Mitte:</u> Besonders geeignet als biologisches Filtermaterial (→ linke Seite) sind Glassinterröhrchen (Siporax®), Tonröhrchen oder blauer Filterschaumstoff (Fachhandel).

<u>Unten:</u> Bei Bedarf kann man noch ein Säckchen Aktivkohle (Fachhandel) einsetzen, zum Beispiel wenn man einen Gelbstich oder Medikamente aus dem Aquarienwasser entfernen will. Sie muß nach ein bis zwei Wochen wieder entfernt werden. Nur die oberste Filteranlage häufiger reinigen.

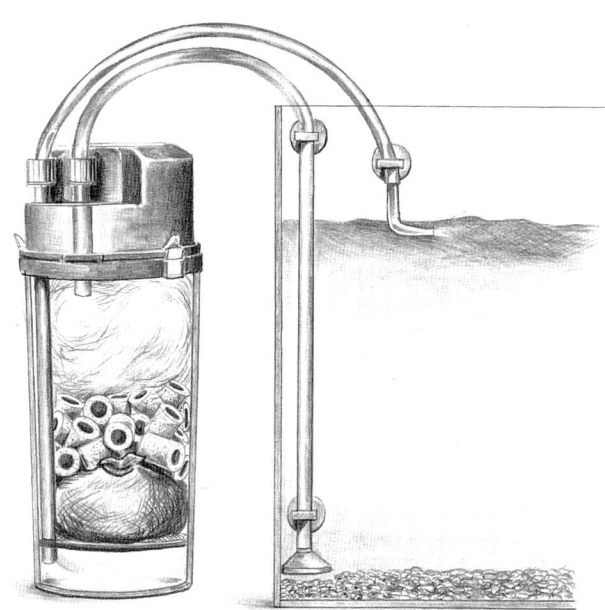

Motorbetriebene Außenfilter sind empfehlenswert für Becken ab einer Größe von 60 Litern.

<u>Die Umkehrosmose</u> (→ links) entfernt alle Härtebildner, aber auch viele Schadstoffe. Benötigen Sie größere Mengen an weichem Wasser, ist die Anschaffung einer Umkehrosmoseanlage am wirtschaftlichsten.

Da Umkehrosmose-Wasser völlig frei von Härtebildnern ist, müssen Sie es immer mit Leitungswasser vermischen. Das richtige Mischungsverhältnis zwischen Leitungswasser und vollentsalztem Wasser können Sie mit Hilfe der sogenannten Kreuzregel berechnen.

Kreuzregel

✔ Härtegrad vollentsalztes Wasser (0°) minus gewünschtem Härtegrad ergibt Anteile Leitungswasser (Minuszeichen weglassen).

✔ Härtegrad Leitungswasser minus gewünschtem Härtegrad ergibt Anteile vollentsalztes Wasser.

<u>Beispiel:</u> Mißt Ihr Leitungswasser 16° Karbonathärte (16 °dKH), und möchten Sie Wasser mit 4 °dKH herstellen, mischen Sie 12 Teile entsalztes Wasser mit 4 Teilen Leitungswasser.

Haben Sie die Wasserhärte einmal im Aquarium eingestellt, verwenden Sie bei jedem Wasserwechsel Wasser mit dem gleichen Mischungsverhältnis.

<u>Andere Quellen für salzarmes Wasser:</u> Außer durch Umkehrosmose kann man vollentsalztes Wasser auch aus sogenannten Ionenaustauschern erhalten. Dabei handelt es sich aber um eine veraltete Methode. Wer nur wenig weiches Wasser benötigt, kann vollentsalztes Wasser in der Drogerie kaufen.

Aufsitzerpflanze Javafarn (Microsorum pteropus) ist besonders wüchsig.

Hornkraut (Ceratophyllum demersum) ist eine sehr robuste Schwimmpflanze.

Pflanzen im Aquarium

Die meisten Zwergbuntbarsche sind im Gegensatz zu vielen anderen Buntbarschen pflanzenfreundlich, das heißt sie fressen keine Pflanzen und graben nicht bzw. nur im direkten Umfeld ihres Verstecks. Deshalb können Sie ein Aquarium für Zwergbuntbarsche üppig und auf die gleiche Art wie ein durchschnittliches Zimmeraquarium bepflanzen. Um dem Lebensraum vieler Zwergbuntbarsche, der Fallaubzone, jedoch besser gerecht zu werden, empfehle ich, nur eine dünne Bodengrundschicht einzubringen, die mit Fallaub bedeckt ist (→ PRAXIS Einrichtung,

Seiten 34/35). Pflanzen können in diesem Untergrund allerdings nicht wurzeln, weshalb Sie auf Aufsitzerpflanzen, die Sie auf Steine und Wurzeln binden (→ PRAXIS Einrichten, Seite 35), oder auf Schwimmpflanzen ausweichen müssen. Aber auch mit solchen Pflanzen lassen sich regelrechte Unterwasserwälder gestalten, die wichtige Funktionen im Aquarium übernehmen. Sie entziehen dem Wasser Schadstoffe (zum Beispiel Nitrat) und versorgen es mit Sauerstoff. Trotzdem haben auch diese Pflanzen Pflegeansprüche, die für ein optimales Wachstum berücksichtigt werden müssen (→ Checkliste, rechts).

Im folgenden empfehle ich Ihnen einige lang erprobte, gut zu pflegende Pflanzen für ein Zwergbuntbarsch-Aquarium:

<u>Die wichtigsten Aufsitzerpflanzen</u> sind:

✔ Javafarn *(Microsorum pteropus)*,

✔ Javamoos *(Vesicularia dubyana)*,

✔ Kleines Speerblatt *(Anubias barteri* var. *nana)*,

✔ Kongo-Wasserfarn *(Bolbitis heudelotii)*.

Alle diese Arten vertragen weiches, saures Wasser (Wassertyp 2 bis 3) und gedeihen auch in den weniger stark beleuchteten Zwergbuntbarsch-Becken.

<u>Als Schwimmpflanzen</u> kommen sowohl einige Stengelpflanzen in Frage, die gut unverwurzelt gedeihen, als auch sogenannte echte Schwimmpflanzen, die keine Wurzeln ausbilden können. Besonders geeignet für weiches, saures Wasser, aber lichthungriger, sind:

✔ Wasserhaarnixen *(Cabomba-Arten)*,

✔ Tausendblatt *(Myriophyllum brasiliense)*,

✔ Kriechende Ludwigie *(Ludwigia repens)*,

✔ Fluß-Mooskraut *(Mayaca fluviatilis)*.

Härteres, auch leicht alkalisches Wasser vertragen:

✔ Hornkraut *(Ceratophyllum demersum)*,

✔ Schwimmender Hornfarn *(Ceratopteris pterioides)*.

Wenn Sie nicht auf verwurzelte Pflanzen verzichten möchten, setzen Sie diese in Blumentöpfe, die Sie mit Steinen oder Wurzeln verbergen können.

So lassen sich zum Beispiel Amazonasschwertpflanzen (Gattung *Echinodorus*) als Solitärpflanzen gut ins Sandbodenbecken integrieren, obwohl für sie eigentlich kein geeigneter Bodengrund vorhanden ist.

Hinweis: Becken für Stromschnellencichliden sollten ohne Laub und ohne Schwimmpflanzen, dafür mit mehr Steinen und Wurzeln eingerichtet werden.

Checkliste
Pflanzenpflege

1 Regelmäßig gelb oder fleckig werdende Blätter abschneiden, Stengelpflanzen kürzen, Schwimmpflanzen auslichten. So erhalten Sie anhaltendes Pflanzenwachstum und ein andauernd gutes Wasserklima.

2 Regelmäßig einen speziellen Wasserpflanzendünger sparsam zufügen (keinen Zimmerpflanzendünger!).

3 Wünschen Sie auch bei mittelhartem Wasser einen starken Pflanzenwuchs, brauchen Sie eine Kohlendioxid-Düngeanlage.

4 Setzen Sie Ohrgitterharnischwelse der Gattung Otocinclus oder andere Algenfresser ins Becken ein, die sich mit Zwergcichliden vertragen, damit die oft langsam wachsenden Blattpflanzen nicht veralgen.

5 Bei extrem sauren Wasserwerten (pH-Werte um 5 oder niedriger, keine Wasserhärte) gedeihen auf Dauer keine Pflanzen. Bepflanzen Sie diese Becken daher nicht. Die Pflanzen würden nur faulen und das Wasser verderben.

Wichtige Fütterungsregeln

✔ Ein- bis zweimal täglich füttern: Mehrere Gefrier- und Trockenfuttersorten bereithalten und häufiger zwischen gehaltvollen und ballaststoffreichen Sorten abwechseln.

✔ So oft wie möglich kleines, am besten selbstgefangenes Lebendfutter geben.

✔ Nur so viel füttern, wie die Fische in wenigen Minuten fressen, damit sie nicht verfetten und keine liegengebliebenen Futterreste das Wasser belasten.

✔ Jungtiere mehrmals täglich mit feinem Lebendfutter füttern, damit sie gut wachsen und gesund bleiben.

✔ Darauf achten, daß alle Fische ans Futter kommen und nicht nur die dominanten Tiere. Im Zweifelsfall an verschiedenen Stellen im Aquarium füttern, so daß sich die Konkurrenz verteilt.

✔ Einmal wöchentlich einen Fastentag einlegen (gilt nicht für Jungfische).

✔ Nur sehr selten Rote Mückenlarven, Tubifex oder rinderherzhaltige Futtersorten geben, da sie langfristig zur Verfettung und/oder Vergiftung führen.

Wo gibt es Lebendfutter?

Nicht alle Lebendfuttersorten sind zu jeder Jahreszeit überall vorhanden. Es lohnt sich deshalb, verschiedene Tümpel zu verschiedenen Jahreszeiten aufzusuchen, um zu wissen, wann wo welches Futter zu erwarten ist.

✔ <u>Würmer</u> (1) und bodenlebende Mückenlarven bevorzugen schlammige Stellen kleiner Tümpel. Vermeiden Sie den Fang aus belasteten Gewässern, wo Tubifex und

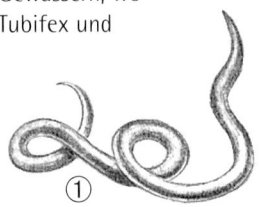

Rote Mückenlarven oft massenhaft vorkommen.

✔ <u>Cyclops</u> (2) und die verwandten Diaptomus lassen sich vor allem in klaren

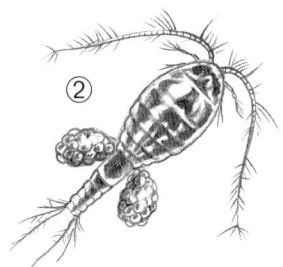

Tümpeln und Teichen fangen (auch im Winter).

✔ <u>Wasserflöhe</u> (Daphnien) (3) leben in trüberen Teichen und Tümpeln, in denen sie sich im Sommer oft massenweise vermehren. Sie lassen sich im Winter nicht fangen, weil nur ihre Dauereier im Bodenschlamm überleben.

✔ <u>Weiße Mückenlarven</u> (4) haben in der kühlen Jahreszeit Saison und lassen sich auch gut in kleinen Gewässern fangen. Kühl gelagert halten sie sich wochenlang. Sie leben räuberisch und sollten daher nicht in

Becken mit Jungfischen verfüttert werden.

✔ <u>Schwarze Mückenlarven</u> (5) sind die Larven der Stechmücken. Sie leben in

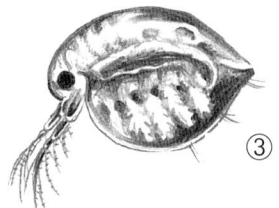

der warmen Jahreszeit in vielen kleinsten Wasseransammlungen direkt unter der Wasseroberfläche. Am besten schnell verfüttern, damit die Stechmücken nicht im Haus schlüpfen. (Sehr gutes Futter zum Fördern der Laichbereitschaft).

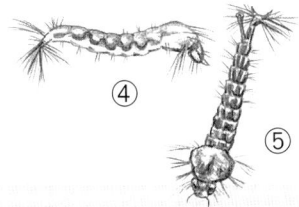

Futtertiere selber fangen

Eine Mischung aus selbstgefangenen Futtertieren stellt die qualitativ hochwertigste Nahrung für Zwergbuntbarsche dar. Dabei gibt es aber einiges zu beachten:

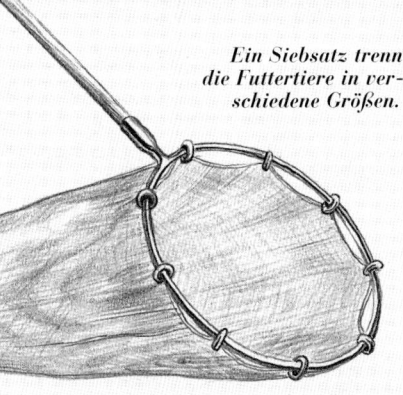

Ein Siebsatz trennt die Futtertiere in verschiedene Größen.

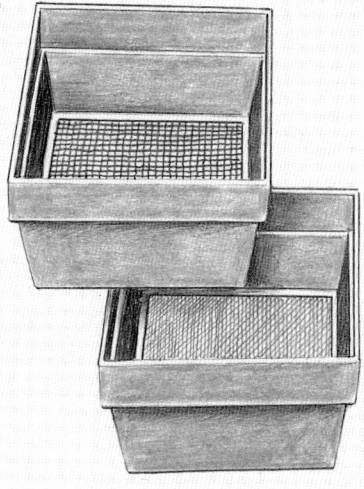

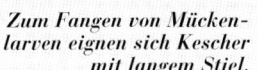

Zum Fangen von Mückenlarven eignen sich Kescher mit langem Stiel.

✔ Für den Fang von Wasserflöhen und ihren Verwandten brauchen Sie die Genehmigung des Fischrechtsinhabers, auch wenn das Gewässer öffentlich zugänglich ist. Dies ist meist kein Problem, denn man fragt einfach den Teichbesitzer um Erlaubnis, der in den meisten Fällen nichts dagegen hat.

✔ Am besten ist der Fang von Lebendfutter in fischfreien Teichen. Aus diesen Teichen (Wald- oder Wiesentümpeln) schleppt man sich auch keine Krankheitserreger ein. Ver meiden Sie den Fang aus regelrechten Fisch- oder Ententeichen, aber auch aus offensichtlich belasteten Gewässern.

✔ Gehen Sie nur an gut zugänglichen Stellen an den Teich, und vermeiden Sie vor allem im Frühjahr die Störung brütender Vögel.

✔ Zum Futterfang können Sie verschiedene Kescher verwenden, die mit sehr feinmaschigem Netzstoff bespannt sind (es muß aber kein spezielles Planktonnetz sein). Zum Fang von Kleinkrebsen brauchen Sie einen mindestens 2 m langen Netzstiel, damit Sie mit dem Netz vom Ufer ins offene Wasser kommen. Mückenlarven lassen sich mit feinmaschigen Aquarienkeschern (→ Zeichnung, oben) in kleinen Tümpeln und Pfützen fangen. Zum Aussieben von Würmern und Mückenlarven aus feinem Bodenschlamm eignet sich ein mit feinem Fliegengitter bespannter Holzrahmen.

Geben Sie alles gefangene Futter in einen oder mehrere Eimer mit Wasser.

✔ Das Futter mit einem beim Zoofachhändler erhältlichen Siebsatz (→ Zeichnung, oben) in verschiedene Größen trennen, vor allem wenn Sie feinstes Futter für die Jungfischaufzucht benötigen.

✔ Das gesiebte Lebendfutter zu Hause an einem kühlen Platz (Keller) in Eimern mit Aquarienwasser lagern. Bei Mückenlarven darauf achten, daß eventuell schlüpfende Mücken nicht in die Wohnräume gelangen.

Hinweis: Viele Lebendfuttersorten können Sie saisonal auch im Zoohandel kaufen, so daß Sie vor allem im Winter nicht selbst fangen müssen. Ersatzweise können Sie auch Artemia-Nauplien als selbstgezogenes Lebendfutter verfüttern (→ PRAXIS Zucht, Seite 58).

Die richtige Ernährung der Zwergbuntbarsche

Mit den verschiedenen Futtersorten, die Sie im Zoofachhandel erhalten, können Sie fast alle Zwergbuntbarsche ausgewogen und vielseitig ernähren. Zur artgerechten Fütterung gehört, daß man Rücksicht auf die Nahrungszusammensetzung nimmt, an die die jeweiligen Fischarten in ihrem natürlichen Lebensraum angepaßt sind. Deshalb ist nicht jede Futtersorte zu jeder Tageszeit für alle Fische im Aquarium gleichermaßen geeignet.

In der Natur ernähren sich die meisten Zwergbuntbarsche tagsüber von Insektenlarven und Kleinkrebsen. Nachts machen sie im Gegensatz zu vielen anderen Fischen keine Beute. Manche Arten ernähren sich auch von Algen, die auf Felsen wachsen, oder sogar von kleinsten Fischen. Die Brut aller Arten ernährt sich mit Sicherheit in den ersten Tagen von Kleinstorganismen, die sie in der direkten Umgebung des elterlichen Reviers findet. Keine Zwergbuntbarsch-Art lebt im »Schlaraffenland«, daher findet man in der Natur nie verfettete Tiere, wie es leider im Aquarium öfters der Fall ist.

Trockenfutter

Trockenfuttersorten von Markenherstellern bieten eine qualitativ hochwertige, aber zu gehaltvolle Grundlage für die ausschließliche Ernährung vieler Zwergbuntbarsche. Zudem nehmen viele dieses Futter nur ungern an, weil es sich nicht bewegt und den Beutetieren nicht ähnelt. Ob Ihre Tiere es annehmen, sollten Sie immer wieder versuchen, aber verfüttern Sie es nicht als Alleinfutter. Für die meisten Arten empfehle ich die zusätzliche, also nicht ausschließliche Fütterung mit hochwertigem Trockenfuttergranulat, das einen hohen Ballaststoffanteil aufweisen sollte.

Ausnahme: Die wenigen Grünfutterfresser unter den Zwergcichliden, zum Beispiel aus der Gattung *Steatocranus,* füttern Sie am besten bröckchenweise mit Futtertabletten oder -flocken, die Spirulina-Algen enthalten.

Hinweis: Trockenfutter, bei dem das Verfallsdatum abgelaufen ist, auf keinen Fall verfüttern!

Weiße und Schwarze Mückenlarven

Weiße und Schwarze Mückenlarven (→ Zeichnungen, Seite 42) sind für die Fütterung erwachsener Zwergbuntbarsche sehr zu empfehlen, da sie äußerst nahrhaft sind. Außerdem stimulieren vor allem die Schwarzen Mückenlarven bei vielen Arten die Laichbereitschaft. Einen ähnlichen Effekt haben die sogenannten »Lobster-Eier«. Alle diese Futtersorten können Sie gefroren im Zoofachhandel erwerben. Während mancher Wintermonate gibt es Weiße Mückenlarven auch lebend zu kaufen.

Kleinkrebse

Kleinkrebse verschiedener Arten bietet der Fachhandel gefroren oder – je nach Jahreszeit – auch lebend an. Sie haben einen höheren Ballaststoffanteil

Wildfang des Schmetterlingsbuntbarsches (Mikrogeophagus ramirezi) mit Eiern.

als Trockenfutter. Zudem enthalten sie natürliche Farbstoffe, die vor allem das Rot in der Färbung der Fische intensivieren. Bei manchen Arten, zum Beispiel *Apistogramma njisseni*, scheint dies geradezu die Voraussetzung für die Rotfärbung zu sein.

Es gibt verschiedene Arten von Kleinkrebsen, und selbst die kleinsten werden gerne auch von größeren Fischen angenommen. Dazu gehören vor allem die nahrhaften Hüpferlinge, Cyclops, (→ Zeichnung, Seite 42). Der Nährwert von Wasserflöhen (Daphnia), Bosmina (→ Zeichnung, Seite 42) ist geringer. Als Alleinfutter sind sie deshalb nicht geeignet, wohl aber als regelmäßige Ergänzung. Die etwa gleich großen gefrorenen Mysis-Garnelen und die ausgewachsenen Artemia-Salzkrebschen stellen dagegen ein nahrhafteres Futter für ausgewachsene Zwergbuntbarsche dar.

Artemia-Nauplien

Alle Zwergbuntbarsche schnappen gerne nach selbstgezüchteten, frischgeschlüpften Artemia-Larven, die man Nauplien nennt (→ PRAXIS Zucht, Seite 58). Will ein Fisch einmal gar nichts fressen, sind sie die erste Wahl.

Vitamine

Wenn Sie die Fütterungsregeln beachten, sind zusätzliche Vitamingaben überflüssig. Zudem ist es schwierig, Vitamine, die meistens fettlöslich sind, mit dem Futter im Aquarienwasser zu verabreichen.

Was Sie nicht füttern dürfen

Lebende Tubifexwürmer und Rote Mückenlarven sollten Sie nur sehr selten verfüttern. Sie leben gerne in organisch belasteten Gewässern und sogar in Klärschlamm. Rote Mückenlarven produzieren zudem bei vielen Menschen schwere Allergien.

VERSORGUNG IM URLAUB

✔ *Falls Sie nur eine Woche wegfahren, brauchen Sie ausgewachsene Zwergbuntbarsche, die sich in einem guten Zustand befinden, während dieser Zeit gar nicht zu füttern. Jungfische vertragen solche Hungerperioden jedoch nicht.*

✔ *Falls Sie länger wegfahren möchten, können Sie einen Futterautomaten (Zoofachhandel) einsetzen, der portioniertes Trockenfutter in von Ihnen bestimmten Intervallen ins Aquarium gibt. Dosieren Sie das Futter eher sparsam und füttern Sie etwas seltener, als wenn Sie zu Hause wären. So kann überschüssiges Futter das Wasser nicht belasten.*

✔ *Wenn Sie bei längerer Abwesenheit Ihre Fische mit Lebendfutter versorgen müssen oder wenn Sie Jungfische haben, müssen Sie eine zuverlässige Person finden, die Ihre Fische nach Ihren Anweisungen füttert.*

✔ *Reinigen Sie den Filter sorgfältig vor Ihrer Abreise und überprüfen Sie die Funktionstüchtigkeit aller technischen Geräte. Nehmen Sie einen großzügigen Wasserwechsel vor. (Nicht-Aquarianer sollten keine Wasserwechsel während Ihres Urlaubs vornehmen!)*

Krankheiten vermeiden

Bei artgerechter Pflege bleiben Ihre Zwergbuntbarsche normalerweise gesund, weil ihre
Abwehrkräfte unter optimalen Bedingungen
stark genug sind. Wenn Sie den Eindruck haben, daß sich Ihre Zwergbuntbarsche unwohl
fühlen, sollten Sie als erstes überprüfen, ob
ein Pflegefehler vorliegt.

Krankheitssymptome

Kranke Fische können Sie an folgenden Symptomen erkennen:

✔ Die Fische schwimmen nicht mehr umher,
sondern sitzen mit angelegten Flossen und oft
mit schaukelnden Bewegungen am Boden.

✔ Sie atmen dabei meist schneller als in
gesundem Zustand.

✔ Ihr normales Farbkleid ist durch meist
kontrastreiche »Schreckfärbung«, die sie
sonst zum Beispiel beim Herausfangen
zeigen, ersetzt.

Pflegefehler

Die meisten Krankheiten entstehen
durch Pflegefehler und nur selten
durch Neuinfektionen. Überprüfen Sie
daher als erstes folgendes:

✔ Ist der Nitratwert zu hoch (über
50 mg/l)?

✔ Befinden sich verwesende Fische
im Aquarium, die das Wasser stark
belasten?

✔ Stimmen die Wasserwer-
te für die Fische?

*Glotzaugen
können ein
Zeichen von Fisch-
tuberkulose sein.*

✔ Ist die Ernährung auf die Fische abgestimmt?

✔ Reicht die Belüftung aus?

✔ Funktioniert der Filter?

✔ Liegt der letzte Wasserwechsel länger als
zwei Wochen zurück?

✔ Ist das Becken überbesetzt?

✔ Jagen aggressive Fische andere, ohne daß
diese sich zurückziehen können?

Falls einer dieser Sachverhalte zutrifft, sollten
Sie den Pflegefehler so schnell wie möglich be-
heben. Wahrscheinlich werden sich Ihre Zwergbuntbarsche bald wieder wohl fühlen.

Infektionskrankheiten

Falls Ihre Fische sich weiterhin nicht normal
verhalten, müssen Sie sie näher unter die Lupe
nehmen, um Anzeichen einer Infektion mit
einem Krankheitserreger festzustellen. Manche
Zwergbuntbarsch-Nachzuchten stammen aus
Züchtereien, die mit antibiotikaresistenten
Bakterienstämmen verseucht sind. Besonders
unter Streßbedingungen wie zum Beispiel
schlechte Pflege entwickeln sich dann schnell
typische Krankheitsbilder, die auf dieser
Seite abgebildet sind:

Bei der Fischtuberkulose (→ Zeichnung,
links) treibt der Fisch auf, die Augen
treten hervor,
oft befinden
sich unter der
Haut rot durch-
scheinende, manchmal
vor allem in der Kopfre-
gion aufbrechende Ge-
schwüre (Blutungen). Sol-
che Fische kann man
nicht erfolgreich behan-
deln. Sie müssen sie aus
dem Aquarium nehmen und töten. Lediglich im Anfangsstadium
können furazolidonhaltige Medi-

kamente helfen. Lassen Sie sich von Ihrem Zoofachhändler beraten.

Bakterielle Flossenerkrankung: Das ist eine Infektion, die zum Verlust der Flossenmembranen, vor allem der Rückenflosse, führt, so daß diese wie abgenagt aussieht (→ Zeichnung, unten). Hier können neben einer Optimierung der Pflegebedingungen ebenfalls furazolidonhaltige Medikamente helfen.

Weißpünktchenkrankheit (Ichthyophthirius): Eine weitere häufige Krankheit, die auch Zwergbuntbarsche befällt. Der Fisch ist dann mit weißen, bis 1,5 mm großen Punkten auf der Körperoberfläche behaftet, scheuert sich häufig und atmet bei starkem Befall schneller. Behandeln Sie sofort nach Erkennen des Befalls mit im Zoofachhandel erhältlichen malachitgrünoxalathaltigen Medikamenten. Um die Krankheit aus dem Aquarium zu bannen, müssen Sie den Fisch zehn Tage behandeln, wobei jeden zweiten Tag die halbe Anfangsdosis ins Wasser gegeben wird.

Vergiftungen

Vergiftungen durch belastetes Leitungswasser, falsche oder überdosierte Medikamente oder durch Pflegefehler kommen häufiger vor als infektiöse Krankheiten. Vergiftungen können Sie an folgenden Symptomen erkennen, die einzeln oder in Kombination auftreten:

✔ Atemprobleme (»Hängen« unter der Wasseroberfläche),
✔ extreme Schreckhaftigkeit,
✔ Umherschießen der Fische im Becken,
✔ auffällig überintensive Farben,
✔ Taumelbewegungen,
✔ Apathie.

Als Sofortmaßnahme müssen Sie vorsichtig 90 % des Aquarienwassers durch Leitungswasser austauschen. Zuvor aber dem Leitungswasser ein Wasseraufbereitungsmittel (Zoofachhandel), das viele Schadstoffe bindet und damit unschädlich macht, beimischen und die Temperatur anpassen. Filtern Sie das Wasser zudem über Aktivkohle (Zoofachhandel). Schwächen sich die Symptome ab, Aktivkohlefilterung nach zwei Wochen beenden und einen Teilwasserwechsel vornehmen.

Hinweis: Leitungswasser-Vergiftungen können durch Kupferrohre (Wasserleitungen) oder durch zu hohen Chlorgehalt (»Schwimmbadgeruch«) verursacht werden. Wasser aus Kupferrohrleitungen dürfen Sie nicht als Aquarienwasser verwenden! Chlor entfernen Sie durch starke Belüftung des Wassers im Eimer oder indem Sie es zwei Tage stehenlassen.

Wie abgefressen sieht die Rückenflosse dieses Zwergbuntbarsches aus. Es handelt sich aber um eine bakterielle Infektion.

Es gibt leider noch viele andere Krankheiten, die auch Zwergbuntbarsche befallen können. Falls Sie die Vermutung haben, daß es sich um eine hier nicht genannte Krankheit handelt, informieren Sie sich in der speziellen Fachliteratur (→ Literatur, Seiten 62/63) und fragen Sie Ihren Zoofachhändler oder Tierarzt. Auch Universitäten bieten tierärztliche Hilfe an.

VERHALTENSWEISEN UND ZUCHT

Alle typischen Verhaltensweisen der Zwerg-buntbarsche können Sie auch im Aquarium beobachten, wenn Sie den Fischen einen artgerechten Lebensraum bieten. Verhal-tensweisen zu kennen ist die Grundvor-aussetzung für eine erfolgreiche Pflege.

Verhaltensweisen kennenlernen

Zwergbuntbarsche faszinieren durch ihre viel-fältigen Verhaltensweisen, mit denen sie ihre Reviere etablieren und verteidigen. Kommen sie in Fortpflanzungsstimmung, brillieren sie mit aufwendigem Balzverhalten. Je nach Art haben sie unterschiedliche Familienformen, um ihre Jungen großzuziehen.

Revierverhalten

Als Jungfische ziehen sie noch »heimatlos« oder unter der Obhut der Eltern durchs Becken, ohne sich allzusehr um die Artgenossen zu kümmern. Erst wenn Zwergbuntbarsche erwachsener wer-den und ins fortpflanzungsfähige Alter kom-men, möchten sie ein Revier gründen. Welche Art von Revier sie gründen werden, hängt da-von ab, wie sie sich fortpflanzen.

Versteckbrüter brauchen für die Eiablage eine kleine Höhle oder zumindest einen geschützten Bereich im Aquarium. Dies kann auch die Un-

terseite eines Fallaubblattes sein. Um diese Höhle herum verteidigen sie dann ihr Revier. Je nach Familienform (→ Seite 51) verteidigen die Weibchen Kleinreviere innerhalb eines großen Männchenreviers (viele *Apistogramma*). Manchmal verteidigen auch beide Geschlechter ein gemeinsames Versteck *(Pelvicachromis)*.

Offenbrüter legen ihre Eier offen, meist auf einer Wurzel oder einem kleinen Stein, ab. Manche graben auch eine kleine Grube, auf deren Boden sie die Eier ablegen. Ihr Revier ist besser einsehbar und daher auch schwerer nach allen Seiten zu verteidigen.

Sowohl Versteck- als auch Offenbrüter legen die Eier auf einem Substrat ab. Deshalb werden sie auch unter dem Begriff Substratbrüter zu-sammengefaßt.

Maulbrüter. Im Gegensatz dazu stehen die Maulbrüter aus der Gattung *Pseudocrenilabrus*. Die Weibchen nehmen die Eier ins Maul und brüten sie dort aus. Die Männchen verteidigen Reviere nur zur Balz und zum Ablaichen.

Kampfverhalten

Während der Revierbildung kann es zu ernst-haften Auseinandersetzungen mit Artgenossen, aber auch mit artfremden Fischen kommen.

Purpurprachtbuntbarsch-Weibchen (Pelvicachro-mis pulcher) mit freischwimmenden Jungen.

Streitereien zwischen ungleichen Gegnern finden meist ein schnelles Ende. Ein deutlich überlegener Fisch wird sehr schnell seinen Gegner in die Flucht schlagen, ohne daß es zu Verletzungen kommt. Die Gefahr heftiger und langer Beschädigungskämpfe besteht eher bei gleich starken Gegnern. Solche Kämpfe beginnen meist mit einem regelrechten Kräftemessen: Man zeigt sich gegenseitig, was man an Kraft, Flossen- und Farbenpracht aufbringen kann. Dabei werden mehrere Kampfstufen durchlaufen, bevor es zum »Beschädigungskampf« kommt. Falls einer der Streithähne schon vorher aufgibt, klemmt er einfach die Flossen zusammen und sucht das Weite.

Lateraldrohen: Eingestiegen in den Schaukampf wird meist mit dem Lateraldrohen. Die Kontrahenten stehen sich in geringem Abstand Seite an Seite gegenüber und spreizen alle unpaarigen Flossen ab. Manche senken zusätzlich noch den Mundboden oder reißen das Maul auf. In den prächtigsten Farben wollen sie als der Größere erscheinen. Beim »Schwanzflossenschlagen« testen

sie zusätzlich, ob hinter der groß aufgebauten Fassade auch echte Kraft steckt. Mit heftigen Schwanzschlägen drückt man einen Wasserschwall zum Gegner.

Frontaldrohen: Ist es nach dieser ersten Kampfperiode noch zu keiner Entscheidung gekommen, folgt die Drohung von vorne, das Frontaldrohen (→ Zeichnung, rechts): Mit aufgerissenem Maul, abgesenktem Mundboden oder abgespreizten Kiemendeckeln geht es jetzt darum, möglichst imposant von vorne auszuschauen. Dabei schwimmen die Gegner oft wiegend hin und her. Sie testen die Bereitschaft des anderen, sich auf einen Maulkampf einzulassen.

Beim Maulkampf verbeißen sich die beiden dann mit ihren Mäulern und zerren sich hin und her. Weil Buntbarsche eine Menge Zähne besitzen, kann es dabei zu starken Verletzungen kommen, bis Blut fließt und einer mit verzerrtem Kiefer aus dem Kampf hervorgeht.

Das Rammen in die Flanke ist eine andere Form des Beschädigungskampfes, die sich oft schon dem Lateraldrohen anschließt. Dabei beißen sich die Gegner in die Flanken, so daß manchmal einzelne Schuppen zu Boden sinken.

Natürlich halten sich nicht alle Buntbarsche immer an die hier vorgestellte Reihenfolge der Verhaltensweisen, es kann zum Beispiel durchaus auch einmal ohne Schaukampf direkt zum Maulkampf kommen.

Ist die Entscheidung getroffen, versucht dann der Verlierer aus der Nähe des Siegers zu flüchten. Im Aquarium funktioniert das oft nicht, weil selbst große Becken für zwei männliche Streithähne zu klein sein können. Dann müssen Sie den Verlierer herausfangen und in ein eigenes Becken setzen. Sonst würde das Siegermännchen ihn früher oder später töten.

Oft zerstreiten sich auch Männchen und Weibchen, und es kommt zum Paarbruch. Wie Sie damit umgehen können, lesen Sie auf Seite 58.

Familienformen

Nicht alle Zwergbuntbarsche sind streng monogam und führen eine Einehe wie zum Beispiel die offenbrütenden *Laetacara*-Arten. Besonders die Männchen der *Apistogramma*-Arten, aber auch Vertreter anderer Gattungen, fühlen sich in einem Harem mit vielen Weibchen wohler, sind also polygam. Schließlich gibt es Buntbarsche, bei denen alle gemeinsamen Aktivitäten der beiden Partner nach dem Ablaichen aufhören und jeder wieder seiner Wege geht. Dazu gehören die Maulbrüter aus der Gattung *Pseudocrenilabrus*.

Von der Familienform hängt einiges im Leben der Zwergcichliden ab: Wie stark wird gebalzt? Welche Art von Revier sollte man verteidigen? Wer übernimmt welchen Teil der Brutpflege?

Die Balz

Während der Balz lernen sich die Paarpartner kennen, präsentieren sich dabei von ihrer besten Seite und testen, ob sie zusammenpassen. Nur so ist gewährleistet, daß das Wichtigste im Leben eines Zwergbuntbarsches auch

wirklich klappt: die erfolgreiche Brutpflege. Das Balzverhalten hat mit den Schaukämpfen viel gemeinsam. Man präsentiert sich vor dem Partner in seiner ganzen Flossen- und Farbenpracht. Dazu kommen spezielle Verhaltensweisen und Farbkleider, die von Art zu Art verschieden sind. Auch das »Körperzittern« oder »Rütteln« gehört dazu. Die Tiere vibrieren dabei am ganzen Körper, was manchmal so aussieht, als ob sie sich nicht wohl fühlen würden. Ein anderes Balzverhalten ist das »Führungsschwimmen«: Immer wieder schwimmt eines der Tiere in Richtung Ablaichplatz, wahrscheinlich, um den Partner schneller zum Ablaichen zu bewegen.

Welcher der späteren Partner stärker balzt und das schönere Balzkleid anlegt, hängt davon ab, wer die Wahl hat und wer gewählt wird.

Zwei Männchen des Kakadu-Zwergbuntbarsches (Apistogramma cacatuoides) beim Frontaldrohen.

DOLMETSCHER

Zwergbuntbarsche zeigen viele Verhaltensweisen, die für Sie wichtige Informationen enthalten können.

 Welches Verhalten zeigen die Zwergbuntbarsche?

 Was bedeutet dieses Verhalten?

 Was kann ich tun?

☞ Panda-Zwergbuntbarsch-Weibchen steht in Brutpflegefärbung über freischwimmender Brut.

❓ Die Jungen brauchen jetzt Futter.

❗ Füttern Sie sie mit Artemia-Nauplien.

☞ Der Tüpfelbuntbarsch befächelt mit den Brustflossen sein Gelege.

❓ Damit versorgt er die Eier mit Sauerstoff.

❗ Sorgen Sie für Ruhe ums Aquarium, damit die brutpflegenden Fische nicht gestört werden.

☞ Glänzender Zwergbuntbarsch drückt sich unauffällig zwischen den Laubblättern herum.

❓ Er versucht sich zu verbergen oder schläft gerade.

❗ Falls er unterdrückt wird, sorgen Sie für Rückzugsmöglichkeiten.

☞ Afrikanische Schmetterlingsbuntbarsche laichen auf einem Kieselstein ab.

❓ Das Paar harmoniert bis jetzt gut.

❗ Es wird bald aggressiv andere Fische aus der Umgebung vertreiben.

📷 Glänzendes Zwerg-
buntbarsch-Weibchen
beim Eierhüten.

❓ Es wird die Eier ver-
teidigen, auch gegen das
eigene Männchen.

❗ Männchen eventuell
entfernen, weil diese Art
sehr aggressiv ist.

📷 Rotstrich-*Apistogramma*-
Männchen beim Balzen.

❓ Vielleicht gibt es ein Paar.

❗ Wollen Sie die Brut aufziehen?

Glänzende Zwergbuntbarsch-Männchen 📷
beim Maulkampf.
Der Kampf ist noch unentschieden. ❓
Später den Verlierer entfernen. ❗

📷 Zwei Gelbe Zwergbuntbarsch-Männchen
imponieren breitseits voreinander.

❓ Es kann zum
Kampf kommen.

❗ Streithähne
eventuell trennen.

TIP

Verstecke für gestreßte Fische

Häufig kommt es auch in einem gut funktionierenden Aquarium zu zwischen-, aber auch innerartlichen Streitereien bei Zwergbuntbarschen. Der Platz im Becken scheint nun plötzlich nicht mehr für alle Fische auszureichen.

Als Übergangslösung können Sie den gejagten Tieren einen Schutzraum in der oberen Beckenregion anbieten, die sonst von Zwergbuntbarschen nicht genutzt wird. Sie finden dort ein freies Versteck, das außerhalb des Interessengebietes der dominanten Tiere liegt.

Trotzdem kann es sein, daß Sie als endgültige Lösung ein weiteres Becken für überzählige Tiere anschaffen müssen, weil die dominanten Tiere nach einiger Zeit gelernt haben, wo der Gejagte sitzt.

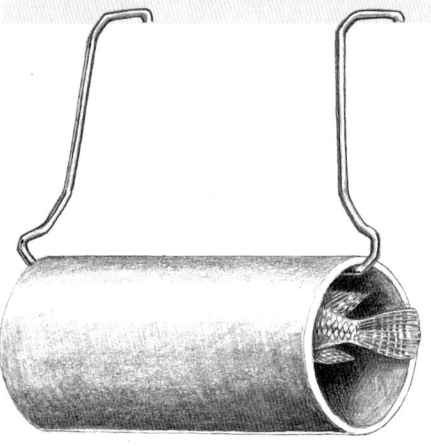

Ein Plastikrohr, das mit plastikummanteltem Draht an der Aquarienscheibe aufgehängt wird, bietet gejagten Fischen Schutz.

Bei vielen monogamen Arten, zum Beispiel den Schmetterlingsbuntbarschen, beteiligen sich beide Tiere mehr oder weniger gleich stark an der Balz und an der späteren Brutpflege. Die Geschlechter unterscheiden sich in ihrem Aussehen kaum. Die Balz dauert sehr lange, manchmal mehrere Tage oder Wochen. Monogame Buntbarsche bleiben oft mehr als eine Brut beieinander und prüfen daher besonders gut, ob die Wahl die richtige ist.

Es gibt aber auch monogame Buntbarsche, bei denen die Weibchen eindeutig schöner sind als die Männchen, zum Beispiel bei vielen Prachtbuntbarschen und Kongo-Zwergbuntbarschen. Die Weibchen sind auffällig bunt und balzen besonders intensiv die Männchen an, während die Männchen oft sandfarben sind. All diese Arten sind zwar monogam, aber sie haben sich die Brutpflegeaufgaben wie bei polygamen Arten aufgeteilt. Das Weibchen ist für die direkte Brutpflege zuständig, das Männchen für die Revierverteidigung. Später kümmern sie sich gemeinsam um die freischwimmende Brut.

Man nimmt an, daß die Weibchen sich so intensiv um die Männchen bemühen und so bunt sind, weil die Männchen sie ja nach der Eiablage doch noch im Stich lassen könnten, falls ein »besseres« vorbeikommt. Anders als bei polygamen Arten, in denen das Weibchen im Schutz des großen Männchenreviers bleibt, wäre dann das Überleben der Brut nicht gesichert.

Bei polygamen Arten dagegen sind die Männchen meist die wesentlich Bunteren und Größeren. Sie beteiligen sich kaum an der Brutpflege, meistens verteidigen sie nur das Revier. Ihr Ziel ist es, möglichst viele Weibchen in ihrem Revier zu versammeln und so von maximal vielen Jungen der Vater zu sein. Diese Männchen sind in der Balz nicht so wählerisch wie ihre Weibchen, da sie ja mit einer Paarung allein kein hohes Risiko eingehen, nach dem Motto: »Wenn es mit der einen nicht klappt, klappt's mit der nächsten«. Die Balz dauert deshalb auch nur ein paar Stunden oder wenige Tage, sonst wird sie vom Männchen aufgegeben. Weil es aber für die Weibchen nicht so leicht ist, schnell ein neues, gehaltvolles Gelege zu produzieren, suchen sie sich ihren Gatten sorgfältig aus. Daher setzen die Männchen dieser Arten in der Balz auch alles ein, um als die größten und schönsten zu gelten. Am auffälligsten sind oft die Männchen der nicht paarbildenden Maulbrüter. Sie etablieren nur noch Balzreviere, prunken mit den schönsten Farben, die Wahl haben ausschließlich die unscheinbaren Weibchen.

Das Ablaichen

In der letzten Phase der Balz wird der zukünftige Ablaichplatz vorbereitet. Das Ablaichsubstrat wird mit dem Maul geputzt, bei manchen Höhlenbrütern wird die Höhle von Kies befreit und davor ein richtiger Wall aufgeschüttet. War die Balz erfolgreich, kommt es dann bald zum Ablaichen, das kaum länger als eine halbe, selten eine ganze Stunde dauert. In mehreren Schüben laicht das Weibchen die Eier an der Decke der Höhle oder auf dem offenen Substrat ab. Anschließend werden sie von den Männchen besamt. Falls der Höhleneingang zu klein für die Männchen ist, bleiben sie draußen, wobei trotzdem genug Samen zur Befruchtung in die Höhle gelangen. Bei den ersten Ablaichversuchen handelt es sich oft um ein »Scheinlaichen«. Die Weibchen tun nur so, als ob sie Eier ablaichen. Wahrscheinlich üben sie so mit dem Männchen die richtige zeitliche Abstimmung.
Die Maulbrütereier werden erst im Maul des Weibchens vom Männchen besamt.
Die Anzahl und Größe der Eier ist von der Form der Brutpflege abhängig. Versteckbrüter laichen wenige, dafür große Eier ab (zwischen 20 und 150 Stück), während Offenbrüter viele kleine Eier produzieren (150 bis 400). Die Anzahl der Eier hängt auch von der Größe des Weibchens ab. Ein großes Weibchen kann mehr Eier produzieren.

Die Brutpflege

Die Brutpflege der Eier, der frischgeschlüpften Jungen (Larven) und der freischwimmenden Jungfische dient dazu, ihr Überleben zu sichern. Ohne den Schutz und die Pflege der Eltern müßten alle Buntbarschbabys sterben. Vielerlei Gefahren bedrohen die Brut der Substratbrüter im Freiland, aber auch im Aquarium:
Die Eier brauchen genügend Sauerstoff, um sich bis zum Schlupf entwickeln zu können. Zusätzlich müssen sie gegen Keime geschützt werden, um nicht von Bakterien und Pilzen zersetzt zu werden. Der für die direkte Brutpflege zuständige Partner fächelt dem Gelege daher immer frisches, sauerstoffreiches Wasser

Apistogramma-Weibchen lutscht seine Eier ab, um sie zu säubern.

*Schmetterlingsbuntbarsch-Paar verteidigt
sein Revier vor einem Konkurrenten.*

zu und entfernt gleichzeitig schädliche Stoff-
wechselprodukte der Eier. Zusätzlich lutscht er
die Eier und später die Larven von Zeit zu Zeit
ab, vermutlich, um sie zu desinfizieren. Ist die
Zeit reif für den Schlupf, helfen die Brutpfleger
den Larven aus den Eiern, indem sie die Eier besonders intensiv belutschen.

Die Larven werden nach dem Schlupf einge-
sammelt und behütet, oft in einer kleinen, vorher ausgehobenen Grube. Sie haben jetzt noch
einen Dottervorrat in ihrem Dottersack, von
dem sie sich in den nächsten Tagen ernähren.
Ihre ständigen schlängelnden Bewegungen helfen ihnen, an genügend sauerstoffreiches Wasser zu kommen. Damit ihr Lagerplatz sauber
bleibt, werden sie mindestens einmal am Tag in
eine neue Grube umgebettet. Weil Bunt-

barschbabys für viele andere Fische eine Delika-
tesse darstellen, verteidigen die Eltern ihre Brut
besonders intensiv. Hierbei sind die Männchen
meist für die Außenverteidigung, die Weibchen
für den Schutz der inneren Zone zuständig. Besonders *Apistogramma*-Weibchen mit ihrem
giftig-gelb-schwarzen, wespenähnlichen Brutpflegekleid schießen manchmal wie kleine Furi-
en auch auf wesentlich größere Fische zu und
beißen sie. Sogar die eigenen Männchen dürfen
sich bis zum Freischwimmen der Jungfische
nicht in die Nähe der Larven wagen. Anders ist
dies bei den offenbrütenden Buntbarschen.

Beide Partner wechseln sich hier in kurzen Abständen mit Brutpflege und Revierverteidigung ab.

Freischwimmen: Wenn der Dottersack der Jungen fast aufgebraucht ist, sind sie in der Lage zu schwimmen und müssen das erste Mal auf Futtersuche gehen. Das ist der Zeitpunkt, an dem Sie zufüttern müssen (→ PRAXIS Zucht, Seiten 58/59). Ab dieser Phase beteiligen sich auch die Väter der polygamen Arten öfter an der Brutpflege. Beide Partner führen manchmal die Jungfisch-Schar durchs Aquarium. Einige Arten suchen sogar extra Futter für die Kleinen, indem sie ihnen Blätter umdrehen oder sie an die richtige Stelle führen. In der Phase des Freischwimmens ist auch der Revierbedarf der Zwergbuntbarsche am größten, weil sie zur Futtersuche größere Bereiche abgrasen. In kleinen Aquarien muß man besonders auf die Sicherheit der anderen Mitbewohner achten, die dann erbarmungslos angegriffen werden. Weil die Jungfische sich in dieser Phase auch öfter weitläufiger verteilen, wird ihre Verteidigung schwieriger. Flinke, hungrige Mitbewohner haben dann ein leichtes Spiel. Vor allem das Weibchen versucht durch Signale die Babys auf Gefahren hinzuweisen, im begrenzten Aquarium hilft das aber nur selten.

Nach einigen Wochen läßt die Brutpflege nach, worauf oft bald erneut abgelaicht wird. Dann werden die Jungen aus dem Revier vertrieben.

Maulbrüter überspringen die meisten dieser Brutpflegehandlungen, weil sie ihre Eier und Larven zwei bis drei Wochen im Maul behalten, bevor die Jungen das erste Mal eigenständig auf Futtersuche gehen. Damit sie die Zeit im Maul gut überstehen, haben sie große Dottersäcke als Nahrungsvorräte. Sind die Jungen aus dem Maul entlassen, werden sie nachts und tagsüber bei Gefahr noch einige Tage zurück ins schützende Maul der Mutter genommen.

Checkliste
Erfolgreich züchten

1 Elterntiere mit hochwertigem Lebendfutter füttern, damit sie in Fortpflanzungsstimmung kommen.

2 Auf die für die Zucht notwendigen Wasserwerte achten (→ Tabellen, Seite 19 und 27).

3 Genügend Bruthöhlen anbieten. Viele Tiere sind wählerisch, außerdem kommt es während der Paarungszeit oft zu Streitereien zwischen den Partnern.

4 Je nach Art das entsprechende Aufzuchtfutter bereithalten bzw. Lebendfutter zeitgerecht ansetzen, damit die Brut nicht hungern muß.

5 Kleines Ersatzaquarium mit entsprechenden Wasserwerten bereitstellen, um bei Streitigkeiten einen Elternteil separieren zu können.

6 Wenn Sie größere Mengen an Jungfischen aufziehen wollen, brauchen Sie ein Aufzuchtbecken von mindestens 100 Litern.

7 Ziehen Sie nur so viele Jungfische auf, wie Sie später halten oder verschenken können.

Sie können Zwergbuntbarsche auch im gewöhnlichen Haltungsbecken zur Nachzucht bringen, wenn Sie die für die Zucht notwendigen Wasserwerte einhalten (→ Tabellen, Seite 19 und 27).

Auf dieser Seite erfahren Sie, was Sie tun können, wenn es bei Zwergbuntbarsch-Paaren mit dem Nachwuchs nicht so recht klappt, und wie Sie die Brut mit selbstgezüchtetem Futter über die ersten Lebenswochen bringen.

Umgang mit »Ehekrach« bei Zwergbuntbarschen

Besonders monogame Zwergbuntbarsche ziehen die ersten Bruten nicht erfolgreich auf, da die Paarpartner noch nicht so gut aufeinander abgestimmt sind. Geht die Brut dann verloren, kann es schnell zu einem ernsthaften Krach zwischen dem Paar kommen. Dabei leidet der schwächere Partner unter den Aggressionen des stärkeren manchmal so sehr, daß er vor diesem geschützt werden muß. Um den Ehefrieden wiederherzustellen, gehen Sie wie folgt vor:

✔ Trennen Sie die Streithähne, indem Sie einen Partner herausfangen und in ein eigenes kleines Aquarium geben, oder teilen Sie das Aquarium mit einer Glasscheibe in zwei Bereiche.

✔ Füttern Sie in dieser Zeit vor allem das Weibchen kräftig, damit es bald wieder Laich ansetzt. Mit laichvollem Bauch ist es beim Männchen wieder willkommener.

✔ Besonders wenn sich die beiden noch durch die Glasscheibe sehen, ohne einander verletzen zu können, stellt sich der Ehefrieden nach einigen Tagen meist wieder ein. Probieren Sie dann eine Zusammenführung, aber beobachten Sie die Tiere dabei genau. Harmonieren sie nach normalen anfänglichen Aggressionen bald wieder, war die Strategie erfolgreich.

✔ Tritt aber auch nach einigen Stunden noch keine Besserung ein, müssen Sie die beiden wieder trennen und es einige Tage später noch einmal probieren. Falls der Stärkere zu aggressiv ist, müssen Sie auch früher eingreifen.

Kulturgefäß für Artemia-Nauplien

Dieses spezielle Gefäß für die Anzucht von Artemia-Nauplien, das Sie im Zoofachhandel erhalten, wird von unten mit einer kleinen Membranpumpe belüftet.

✔ Zuerst mit Salzwasser (20 g jodfreies Kochsalz auf 1 l Wasser) füllen.

✔ Dann 1 bis 2 gestrichene Teelöffel Dauereier (Zoofachhandel) hineingeben und an einen warmen Ort (20 bis 28° C) stellen.

Artemia-Nauplien »ernten«

Wenn die Larven der Artemia-Nauplien nach zwei bis drei Tagen schlüpfen, stellen Sie die Belüftung des Kulturgefäßes ab, und warten Sie, bis sich die roten Nauplien am Boden des Gefäßes gesammelt haben. An der Oberfläche schwimmen die leeren Eischalen. Lassen Sie die Nauplien durch den Luftschlauch über ein Futtersieb (→ PRAXIS Ernährung, Seite 43) fließen. Anschließend können sie verfüttert werden. Es empfiehlt

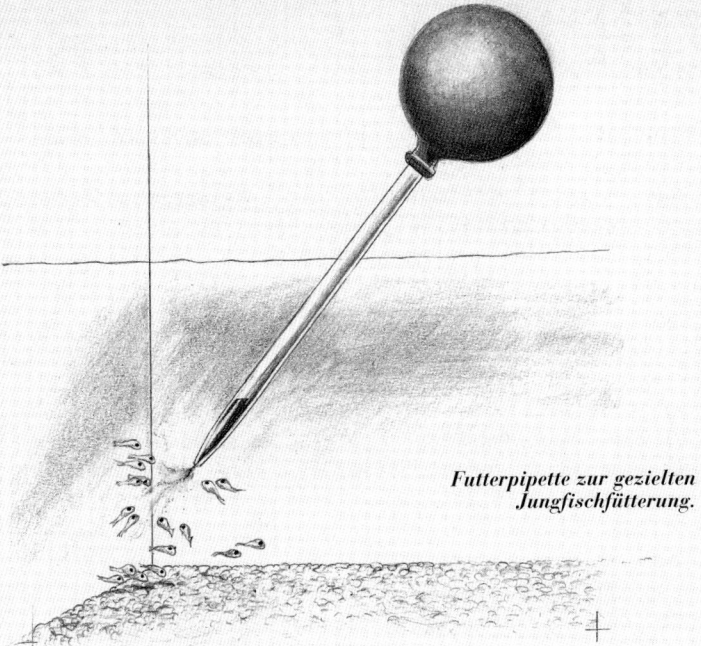

Futterpipette zur gezielten Jungfischfütterung.

etwa 3 cm lange und 1 cm dicke Plastikrohrstückchen an der Frontscheibe des Aquariums plazieren. Die Jungfische suchen darin Schutz. Zum Herausfangen brauchen Sie nur den Finger auf die Öffnung zu legen und das Röhrchen mit dem Fisch an der Scheibe entlang zur Oberfläche zu schieben. So vermeiden Sie, daß Sie das ganze Becken zum Herausfangen entleeren müssen. Allerdings fängt man so meist nicht alle Jungfische.

sich, immer zwei bis drei Geräte gleichzeitig in Betrieb zu setzen, um jeden Tag frisches Futter zu haben, das auch die erwachsenen Tiere gerne fressen.

Füttern der Brut im großen Aquarium

Wenn die Brut der Zwergbuntbarsche etwa zehn Tage nach der Eiablage freischwimmt, ist es an der Zeit, sie gezielt an dem Platz zu füttern, an dem sie sich gerade aufhält. Damit nicht zuviel vom wertvollen Jungfischfutter verlorengeht, hat es sich bewährt, eine Futterpipette einzusetzen (→ Zeichnung, oben). Diese besteht aus einer im Laborfachhandel erhältlichen 10 ml fassenden Glaspi-

pette, an der ein Gummisaugball angebracht ist. Saugen Sie das in etwas Wasser schwimmende Jungfischfutter mit der Pipette auf und spritzen Sie es dann gezielt in den Jungfisch-Schwarm.

Herausfangen der Brut

Nach einigen Wochen ist die Brut zu groß, um im Becken zu bleiben, weil die große Fischmenge sonst das Wasser belasten und die Brut auch nicht mehr gut wachsen würde. Daher müssen Sie die Jungfische herausfangen und in einem eigenen Aquarium weiter aufziehen oder an Bekannte abgeben.
Am einfachsten fangen Sie sie aus einem eingerichteten Becken heraus, indem Sie

Die Jungfische suchen in den Plastikröhrchen Schutz.

Zum Herausfangen Röhrchen einfach nach oben schieben.

Die halbfett gesetzten Seitenzahlen verweisen auf Farbfotos und Zeichnungen.

Apistogramma 11,13, 14, 15, 49, 51, **55**, 56
– *agassizii* 14, 15, 19, **21**, 30
– *borellii* 13, 14, 15, **17**, 19, 30
– *cacatuoides* **8**, 14, **17**, 19, 30, **33**, **51**, **61**
– *diplotaenia* 14
– *hongsloi* 14, 15, **16**, 19, 30
– *njisseni* 14, 15, 19, 30, 45
– *trifasciata* 14, 16, 19, 30
Ablaichen 55
Agassiz-Zwergbunt- barsch 19
Aktivkohle 39, 47
Anomalochromis 26, 28
– *thomasi* **25**, 26, 27, 30
Artemia-Nauplien 45, 58, **58**
Aufsitzerpflanzen **18**, 34, 35, **35**, 40, **40**, 41
Außenfilter 33, 39, **39**

Bakterielle Flossen- erkrankung 47
Balz 51, 54
Bambusröhre 35, **37**
»Bandi II« **24**, 27

Barben 31
Becken 19, 33
Beleuchtung 33
Beschädigungs- kampf 50
Blauer Kongo- Cichlide 25, 27
Bodengrund 34
Bruthöhle 14, 22
Brutpflege 55, 57
–färbung 15, **52**, 56
Buchenblätter 14, 20, 34
Buckelköpfe 12, 28, 29
Bunter Zwergmaul- brüter 27

Chlor 47
CO_2-Düngeanlage 33
Cyclops 15, 42, **42**, 45

Daphnien 42, **42**, 45
Dicrossus 20
– *filamentosus* 10, **17**, 19, 20, 30
– *maculatus* 20, 30
Diskusfische 31
Dottersack 56, 57

Eichenblätter 14, 20, 34
Eichenextrakt 39
Eier 55, **55**, 57

Fallaubzone 11, 14, 20, 41
Familienformen 51
Filter 33, **39**
-materialien 38, 39
Fischtuberkulose 46, **46**
Flachwasser 14
-zone 20
Freischwimmen 57
Freischwimmende Junge **48**, 55
Frontaldrohen 50, 51
Futter 42
-automat 45
-flocken 44
-pipette 59, **59**
-tabletten 44
-tiere 43

Gabelschwanz- Schachbrettbunt- barsch **14**, **17**, 19
Gelber Zwergbunt- barsch **17**, 19, **53**
Genetzter Pracht- buntbarsch **24**, 27
Gesamthärte 36
Gesunde Fische 15
Glänzender Zwerg- buntbarsch **16**, 19, **52**, **53**
Grünfutterfresser 29, 44

Harem 14, 15
Harnischwelse 31
Härtebildner 36
Härtegrad 39

Hechtlinge 31
Heizung 33
Hexenwelse 30, 31
Höhlenbrüter 21, 23, 26
Holzwurzeln 35
Hornkraut 41
Huminsäuren 10

Infektionskrankheiten 46, **46**, 47, **47**
Innenfilter 33
Insektenlarven 10, 44

Javafarn **18**, 35, **40**
Javamoos **18**, 35, 41
Jungfische 59, **59**

Kakadu-Zwergbunt- barsch **8**, **17**, 19, **33**, **51**, **61**
Kampf 49, 50
Karbonathärte 36
Kescher 43, **43**
Killis 30
Klarwasser 20, 21
Kleinkrebse 10, 15, 21, 26, 29, 44
Kongo
-Cichliden 23
-Zwergbuntbarsch 54
-Zwergmaulbrüter **25**, 27
-salmler 29
Krankheiten 46, 47
Kreuzregel 39
Kupferrohre 47

Labyrinthfische 30
Laetacara 18, 51
– *curviceps* **17**,
18, 19, 30
Larven 55, 56
Lateraldrohen 50
Lebendfutter 42, **42**,
43
Leitungswasser 39, 47
Leuchtaugenfische
10, 30, 31
Leuchtstoffröhren 33

Massennachzuchten
23
Maulbrüter 29, 30,
49, 57
Maulkampf 50
Mikrogeophagus 18
– *altispinosa*
18, 20, 30
– *ramirezi* 12, **16**,
18, 19, 20, 30, **44**
Monogame
– Buntbarsche 54
– Höhlenbrüter
23, 26
– Offenbrüter
18, 20, 26
– Versteckbrüter 29
Moorkienwurzeln 35
Mückenlarven 10,
21, 26, 29
Mysis-Garnelen 45

Nachzucht 23, 58
Nannacara 20
– *anomala* **16**, 20,
19, 30
– *taenia* 20
Nanochromis 11, 23,
26
– *parilus* 11, 25,
23, 27, 30
– *squamiceps*
23, **24**, 27, **37**
– *transvestitus*
22, 23, **25**, 27
Nitrat 36, 46

Offenbrüter 18, 20,
26, 30, 49, 55
Otocinclus 30, 31, 41

Paarbruch 51, 58
Panda-Zwergbunt-
barsch 19, **52**
Pelvicachromis 10,
22, 23, 49
– *multicolor* 30
– *pulcher* 25, 27,
28, 30, **48**
– sp. *Bandi II* **24**, 27

– *subocellatus*
24, 27
– *taeniatus* 22, **24**,
27, 30
Pflanzen 40, 41
– aufbinden 35, **35**
pH-Wert 36, 38
Polygam 15, 21, 54, 57
Prachtbuntbarsche
22, 26, 54
Pseudocrenilabrus
29, 49, 51
– *multicolor* 27, 29
– *nicholsi* 25, 27,
29, 30
Pumpe 33
Purpurprachtbunt-
barsch **25**, 27, **28**,
48

Qualitätsnachzucht
23, **33**

Revier 49
-bedarf 57
-verhalten 49

Rinderherzhaltiges
Futter 42
Röhrenverstecke 21
Rotaugen-*Steato-
cranus* 28
Rote Mückenlarven
42, 45
Roter Neon 20
Rotstrich-*Apisto-
gramma* **16**, 19, **53**
Rückenflosse 47, **47**

Salmler 10, 20, 30, 31
Säuregrad 36
Savannengewässer
12, 13
Schachbrettcichliden
20
Schaukampf 50
Scheinlaichen 55
Schmetterlingsbunt-
barsch 12, 16, 18,
19, 20, **25**, 26, 27,
28, **44**, 51, **52**, **56**
Schreckfärbung 46
Schreckhaftigkeit 47
Schwarmfische 10

*Farbvariante des Kaka-
du-Zwergbuntbarsches
(Apistogramma caca-
tuoides).*

Schwarze Mücken-
larven   15, 42, **42**,
44
Schwarzwasser   10,
11, 20, 23
Schwimmende
Wiesen   12, 13, 18
Schwimmpflanzen
12, 14, 41
Siebsatz   43, **43**
Silberfleck-*Nano-
chromis*   24, 27, **37**
Skalare   30, 31
Spirulina-Algen   44
Spirulina-Flocken   29
Steatocranus   28,
29, 44
– sp. aff. *uban-
guiensis*   27, 28, 30
sp. Rotauge   30
Steine   **34**, 35
Stillwasserzone   **13**
Stromschnellen   11, **12**
-cichliden   41
»Subocellatus«   27
Substratbrüter   49, 55

Technische Geräte
33, 34
Teleocichla   11, 12,
21, **34**
– *gephyrogramma*
17, 19, 21, 30
Temperatur   11, 19, 37
Transvestitenbunt-
barsch   **22**, **25**, 27
Trockenfutter   44
Tubifex   42, 45
Tüpfelbuntbarsch
17, 18, 19, **52**

Umkehrosmose   39
- anlage   38, **38**
Urlaub   45

Vergesellschaften
30, 31
Vergiftungen   47
Versteckbrüter   29,
30, 49, 55
Verstecke   34, **34**, 35,
35, 54, **54**, 59, **59**
Vitamine   45

Wasser   10, 12, 36,
37, 38, 39
-flöhe   15, 42, **42**, 45
-härte   36, 38, 39
-typen   19, 27, 37
-wechsel   36
-werte   36, 37
Weichwasser   10
Weiße Mückenlarven
15, 42, **42**, 44
Welse   30
Wildfänge   23
Würmer   42, **42**
Wurzeln bepflanzen
35, **35**

Zubehör   33
Züchten   57, 58, 59
Zufüttern   57
Zwergbuckelkopf-
buntbarsch   27, 28,
29, **29**
Zwergbuschfische   31
Zwergmaulbrüter   29

Adressen die weiterhelfen

• Verband Deutscher Vereine für Aquarien- und Terrarienkunde e.V. (VDA), Geschäftsstelle: Hans und Ingrid Stiller, Luxemburger Str. 16, 44789 Bochum
Hinweis: Der VDA gibt Auskunft über aktuelle Adressen von Aquarien- verbänden in Ihrem Wohnbereich, hilft wei- ter bei Vermittlung von Kontakten (z.B. Hilfe bei Fischkrankheiten, Be- schaffung von seltenen Fischen).

• Bundesverband für fachgerechten Natur- und Artenschutz e.V. (BNA), Postfach 1110, 76707 Hambrücken
Hinweis: Dachverband der Vereine und Ver- bände der privaten Tier- halter. Vertritt deren In- teressen v.a. bei Belan- gen der Artenschutzge- setzgebung.

• Deutsche Cichliden- Gesellschaft e.V. (DCG), Geschäftsführer: Win- fried Poesdorf, Park- str. 21a, 33719 Bielefeld

• Arbeitskreis Zwerg- cichliden (AKZ) im VDA, Geschäftsführer: Klopsch, Dorfstr. 14, 01728 Goppeln

• Österreichischer Ver- band für Vivaristik und Ökologie, Landesver- band Niederösterreich, Richard Pfister, Langenlebarnerstr. 50, A-3430 Tulln

• Verband Zoologischer Fachgeschäfte der Schweiz VZFS, Güterstr. 199, CH-4053 Basel

Fragen zur Aquari- stik beantworten

Ihr Zoofachhändler und der Zentralverband Zoologischer Fachbe- triebe Deutschlands e.V., 63225 Langen, Tel. 06103/910732 (nur telefonische Aus- kunft möglich)

Bücher, die weiterhelfen

(falls nicht im Buch- handel, dann in Biblio- theken erhältlich)

• Konings, A.: Cichliden artgerecht gepflegt. Cichlid Press

• Linke, H./Staeck,W.: Afrikanische Cichliden 1 - Buntbarsche aus Westafrika. Tetra Verlag, Münster

• Staeck, W./Linke,H.: Amerikanische Cichliden 1 - Kleine Buntbarsche. Tetra Verlag, Münster

• Stawikowski, R./Wer- ner, U.: Die Buntbarsche Amerikas, Band 1. Ulmer Verlag, Stuttgart

Zeitschriften, die weiterhelfen

• Aquarium heute. Aquadocumenta Verlag, Bielefeld

- Das Aquarium.
Birgit Schmettkamp
Verlag, Bornheim

- DATZ (vereinigt mit
aquarien-magazin)
Aquarien- und Terrari-
en-Zeitschrift, Eugen
Ulmer Verlag, Stuttgart

- DCG-Information.
Zeitschrift der Deut-
schen Cichliden-Gesell-
schaft

- TI Magazin.
Tetra Verlag, Münster

Der Autor

Ulrich Schliewen, begei-
sterter Aquarianer seit
frühester Kindheit. Stu-
dium Biologie mit
Schwerpunkt Zoologie,
Universität München.
Ichthyologische Studi-
enreisen nach Südame-
rika, West- und Zentral-
afrika und Südostasien,
um Fische in ihrem
natürlichen Lebensraum
kennenzulernen. Fach-
beiträge in Aquarien-
zeitschriften und wis-
senschaftlichen Zeit-
schriften.

Die Fotografen

Bork: Seite 2/3, 4/5, 20,
33, 41, 61; Büscher:
Seite 17, re.o., 44;
Kahl: Seite 40; Linke:
Seite U2, 6/7, 16, li.o.,
re.o., re.u., 21, 24 li.o.,
li.u., 25 li.o., re.mi., 31,
32, 37, 48, 49, 52 re.o.,
57, 64/U3, U4; Lucas:
Seite 24 re.o., 53 re.mi.,
56; Niewenhuizen:
Seite U1, 8, 17 li.mi.,
28, 53 li.u., re.u.; Römer:
Seite 9, 16 li.u., 17 li.o.,
re.mi., 52 re.u., 53 o.;
Stawikowski: Seite 29,
52 li.o.; Werner: Seite
12, 13, 17 u., 24 re.u.,
25 re.o., li.mi., u.; Zurlo:
Seite 52 li.u.

Der Zeichner

Johann Brandstetter
ist ausgebildeter Re-
staurator und Maler.
Er wechselte durch For-
schungsreisen mit Bio-
logen in Zentralafrika
und Asien zum Pflan-
zen- und Tierzeichner.
Seit vielen Jahren
zeichnet er für nam-
hafte Naturbuchverlage
in Deutschland.

Fotos: Buchum-schlag und Innenteil

Umschlagvorderseite:
Bolivianischer Schmet-
terlingsbuntbarsch
(großes Foto), Gelber
Zwergbuntbarsch (klei-
nes Foto).
Umschlagrückseite:
*Pelvicachromis sub-
ocellatus*.
Seite 1: Genetzte
Prachtbuntbarsche.
Seite 2/3: Rund-
schwanz-Schachbrett-
Cichlide.
Seite 4/5: *Apistogram-
ma agassizii*.
Seite 6/7: Gelber
Zwergbuntbarsch.
Seite 64/65: *Pelvi-
cachromis taeniatus*.

Impressum

© 1998 Gräfe und Un-
zer Verlag GmbH, Mün-
chen. Alle Rechte vor-
behalten. Nachdruck,
auch auszugsweise, so-
wie Verbreitung durch
Bild, Funk und Fernse-
hen, durch fotomecha-
nische Wiedergabe,
Tonträger und Daten-
verarbeitungssysteme
jeder Art nur mit
schriftlicher Genehmi-
gung des Verlages.

Redaktion:
Anita Zellner
Lektorat:
Mirjam Baumann
Umschlaggestaltung
und Layout:
Heinz Kraxenberger
Zeichnungen:
Johann Brandstetter
Herstellung:
Susanne Mühldorfer
Satz: media.a
Reproduktion:
Fotolito Longo
Druck und Bindung:
Stürtz

ISBN   3-7742-3704-2

Auflage 4. 3. 2. 1.
Jahr   2001 2000 99 98

Wichtige Hinweise

In diesem Buch sind elektrische Geräte für die
Aquarienpflege beschrieben. Beachten Sie unbedingt die Sicherheitsvorschriften der Hersteller, da
anderenfalls schwere Unfälle passieren können.
Wasserschäden durch Glasbruch, Überlaufen oder
Leckwerden des Beckens können nicht immer ver-
mieden werden. Schließen Sie daher unbedingt
eine Versicherung ab.
Bewahren Sie Fischmedikamente vor Kindern
sicher auf.

1 Kann man alle Zwergbuntbarsche nachzüchten?

Ja, manche Arten stellen jedoch hohe Ansprüche an die Wasserwerte für die Zucht.

2 Kann man Zwergbuntbarsche mit anderen Fischen vergesellschaften?

Ja. Allerdings müssen die Pflegeansprüche aller vergesellschafteten Arten übereinstimmen.

3 Fressen Zwergbuntbarsche alle gängigen Futtersorten?

Nein. Die Arten haben unterschiedliche Futteransprüche (→ Steckbriefe, Seite 14 bis 29).

4 Kann man Zwergbuntbarsche in jedem Leitungswasser halten?

Nein, nur wenige Arten sind so anspruchslos. Die meisten benötigen spezielle Wasserwerte (→ Steckbriefe, Seite 14 bis 29).

5 Sind Zwergbuntbarsche aggressiv?

Die meisten sind nur während der Brutpflege aggressiv, wenn sie ihre Brut verteidigen.